El Líder

MODELANDO LA VIDA DE JESÚS

Joseph Anthony Andino

JOABY
BOOKS
A division of Joaby Ministries

© 2019 por Joseph Anthony Andino

Todos los derechos reservados

El Líder

Modelando la vida de Jesús

Ninguna parte de esta publicación podrá ser reproducida, procesada en algún sistema que la puede reproducir, o transmitida en alguna forma o por algún medio electrónico, mecánico, fotocopia, cinta magnetofónica u otro proceso, excepto para breves citas en reseñas, sin el permiso previo del Rev. Dr. Joseph Anthony Andino.

Todos los pasajes bíblicos en este libro están tomados de la traducción Reina Valera 1960 a menos que se le indique a lo contrario.

Impreso en los Estados Unidos

Traducido al español por: Abigail Andino
Editado por: Madeline Pereira
Portada por: Marc McBride

ISBN # 978-1-7338857-44

Joaby Books, a division of Joaby Ministries

Contenido

Introducción i

    Como usar este recurso ii

    Reglamentos de la Academia v

    Proyectos del discípulo vi

Un llamado al Liderazgo 2

    Imitar a Cristo 3

    Características de Cristo 5

    El Servicio 7

    Puntos de aprendizaje 8

    Identificación 9

    La Humildad 11

    El Compromiso 13

Liderazgo Cristo-Céntrico 15

    Cinco fundamentos ministeriales de liderazgo 15

    Demostración 15

Invitación 18

Conexión 20

Impartición 21

Comisión 24

Principios para comisionar 25

Componentes del Servicio 28

Componentes esenciales del servicio 29

El factor del tiempo 29

Sirviendo con Amor 33

Sirviendo sin favoritismo 34

Ministrando Bajo Autoridad 37

¿Cómo ministrar con autoridad? 38

Sometido a autoridad 40

Autoridad recibida 42

Autoridad para reforzar la ley 43

Ministrando con Unción 46

La función de la unción 48

Capacidad para comunicar 50

Capacidad para ser prodigios 52

- Sanar 52
- Liberar 53

Venciendo Tentaciones 58
- La tentación de Jesús 60
- La auto provisión 61
- La auto promoción 64
- Auto presumir 67
- Un bosquejo de la Tentación de Jesús 68

La Confidencialidad del Líder 73
- La confidencialidad es un mandato 73
- El Peligro del Chisme 77
- Líderes maduros 80
- Lengua pequeña, poder grande 81
- Dominio propio 84

El líder Visionario 86
- El peligro de la ceguera 87
- Recibiendo visión divina 89
- La Palabra y El Espíritu 91
- Escribe la visión 94

Trabajando en Equipo 98

   Mayor vigilancia 100

   Mayor organización... 102

   Mayor Alcance 106

Dejando un Legado 112

   Como dejar un legado 114

   Esfuérzate 116

   Desempeño ministerial.. 118

   Mentalidad del Reino 122

Como iniciar una Academia de Discipulado en su iglesia .. 126

   El currículo.. 126

   El director de la Academia 127

   El asistente al director 128

   El secretario/tesorero... 128

   Los maestros/mentores 129

   Reglamentos de la Academia 129

   Proyectos del discípulo.. 131

El Pacto del Discípulo 132

Tarjeta del Nuevo Creyente... 134

Reporte de Seguimiento 135

Reporte Mensual de la Academia... 136

Autoexámenes 137

Bibliografía... 156

Recursos de la Academia 158

Dedicatoria

Quiero dedicar esta obra literaria a todos los maestros/mentores de la Academia de Discipulado de la Catedral Nuevos Comienzos, en Passaic New Jersey. Gracias por sus esfuerzos y la dedicación que muestran apoyando a los nuevos creyentes en su desarrollo espiritual. Es un gozo ministrar contigo y ver como las almas van creciendo en la gracia y conocimiento de nuestro Señor Jesucristo. Que la bendición de nuestro Señor abunde en sus vidas siempre.

Pastor Bryan Martínez
Juan y Scarlett Busque
Luis y Lissette Reyes
Carlos y Edith Méndez
Noel y Mabel González
Javier y Adela Huerta
Giovani y Nancy Villalona
Apolonio y Evelyn Sosa
Miguel y Cruz Rosario
José Montalvo
Bernardo Ruiz
Martha Ventura
Maritza Chalas

De igual manera quiero agradecer a la directora de nuestra Academia de Discipulado, Migdalia Hernández Sánchez, y su equipo de liderazgo, por su arduo trabajo, corazón de servicio, y dedicación a la excelencia. Podemos atribuir el éxito de nuestra Academia a su ministerio de liderazgo y su pasión por las almas. Ciertamente, habrá una corona en el cielo que refleja sus esfuerzos.

Por fin, quiero dar gracias a Dios por mi esposa, la pastora Abigail Andino, por ser mi ayuda idónea por los últimos 25 años. Comenzamos nuestra jornada de discipulado eclesiástica en el estado de Kentucky, donde duramos ocho años en aquella obra y vimos la mano de Dios formar y bendecir a muchas personas. Ahora, por más de diez años, estamos haciendo discípulos en la cuidad de Passaic New Jersey, y ha sido una bendición extraordinaria. Solo Dios sabe lo que nos espera en el futuro; pero una cosa si se, y es que juntos, continuaremos haciendo discípulos para la honra y gloria de aquel que nos llamó. Te amo.

Introducción

Si está leyendo este libro debe ser porque recientemente se ha convertido en un seguidor de Jesucristo; o puede ser que, como cristiano, aún no ha tenido la oportunidad de estudiar un curso de discipulado. En ambos casos, déjeme decirle que ha tomado la decisión correcta. Si eres un creyente nuevo, este libro le guiará en sus primeros pasos como discípulo de Jesús. Es importante que todo cristiano conozca, entienda y sepa quién le ha salvado, por qué (o para qué) ha sido salvo, de qué ha sido salvado y de cómo compartir su experiencia de salvación y su fe, además de otros principios básicos y prácticos que enseña la biblia. Este conocimiento, bien aprendido, será el fundamento sólido que servirá como la base sobre la cual construir una vida cristiana saludable, consistente y estable. Si estás leyendo el libro porque nunca has tenido la oportunidad de estudiar un curso de discipulado, este libro le ayudara a recordar lo básico de la fe cristiana y las herramientas para entrenar a otros en el desarrollo de su fe.

El ministerio de discipulado ha sido esencial y fundamental en la iglesia desde su nacimiento. Después de la crucifixión de Jesús, y antes de su ascensión a la diestra del Padre, Jesús comunico unas instrucciones importantes a sus discípulos con el fin de motivarles a continuar el ministerio que él había iniciado; *"id, y haced discípulos a todas las naciones, bautizándolos en el nombre del Padre, y del Hijo, y del Espíritu Santo; enseñándoles que guarden todas las cosas que os he mandado; y he aquí yo estoy con vosotros todos los días, hasta el fin del mundo"* (Mateo 28:19, 20). Por más de tres años, Jesús ministro a las necesidades espirituales y físicas de su comunidad compartiendo el amor y poder de Dios y mostrando que una nueva época en la historia de la raza humana había empezado. Jesús entrego los detalles e instrucciones de este nuevo pacto a sus discípulos, con la fe y esperanza de que ellos iban a hacer lo mismo. Dos mil años después, hay más de mil millones de discípulos de Jesús siguiendo el legado ministerial del Maestro. Preparé esta obra literaria para ayudar a todos los creyentes que desean ser colaboradores con Jesús en la expansión de su reino y la edificación de su iglesia a través de la tradición cristiana del ministerio de discipulado.

Como usar este recurso

La Academia de Discipulado fue creada para entrenar a los nuevos creyentes en el conocimiento básico de la fe cristiana. Por la gran pasión que nos mueve, y por el sincero deseo de cumplir la gran misión de Jesús, al cual comúnmente nos referimos como "La Gran Comisión" (Mateo 28:18-20; Marcos 16:15-20), he creado este currículo que se enfoca en cinco principios básicos del discipulado, practicados por Jesús, con el propósito de alcanzar la meta de hacer discípulos de todas las naciones. Estos cinco principios son: *demostración* – Jesús fue un ejemplo perfecto de liderazgo; *invitación* – Jesús invito a sus discípulos a seguirle; *conexión* – Jesús cuido a sus seguidores con amor; *educación* – Jesús equipo a sus discípulos para lo obra del ministerio; y *comisión* – Jesús envió a sus discípulos a ser colaboradores en su reino. He tomado estos principios para crear cinco niveles de entrenamiento para el desarrollo integral del creyente. Estos niveles de entrenamiento son:

(1) La escuela de adorares; (2) La escuela de evangelismo; (3) La escuela de mentoría; (4) La escuela del ministerio; y (5) La escuela de líderes.

El enfoque del primer nivel de la academia, la escuela de adoradores, es enseñar al creyente como desarrollar una vida espiritual íntima con Jesucristo. Logramos esto enseñando al alumno lo que significa ser un discípulo de Jesús con el privilegio que tenemos de desarrollar una vida de oración, lectura bíblica y la adoración de su santo y bendito nombre. Una gran parte de este nivel se concentra en instruir al alumno sobre la naturaleza de la salvación que Dios nos ha dado. Cuando el discípulo concluye la escuela de adoradores, estará listo para ser bautizado en agua y entenderá lo que significa adorar a Dios en espíritu y verdad.

La escuela de evangelismo es el segundo nivel de entrenamiento en la academia y se enfoca en enseñar al creyente cómo compartir el evangelio de Jesucristo con otros. En el primer nivel, el discípulo aprende como acercarse a Jesús y los fundamentos que lo mantendrá en un desarrollo espiritual saludable, en este nivel, aprenderá como traer otros a Jesús. Para capacitar el discípulo como ganador de almas perdidas, el alumno debe entender que cada creyente tiene el llamado de evangelizar a otros. Con este fin será equipado para comprender y compartir el mensaje del evangelio de Jesucristo con las personas que están a su alcance. También entenderá la necesidad de ser un testigo fructífero que comunica el mensaje del evangelio con poder de lo alto. Cuando cumple con los requisitos de este nivel, tendrá las herramientas necesarias de ser un testigo fiel.

En el tercer nivel de entrenamiento, la escuela de mentoría, el creyente es orientado en cómo cuidar y afirmar las personas que él o ella ha ganado para Cristo. Aquí ellos aprenderán sobre el mandamiento más importante en toda la biblia, que es el de amar a Dios con todo el corazón, alma y mente y a su próximo como a sí mismo. Aprenderá los principios de una paternidad espiritual saludable, la importancia de mantener relaciones sanas con los miembros de nuestra comunidad de fe, y las maneras en que los creyentes se van desarrollando espiritualmente. Con el cumplimiento de estos tres niveles de capacitación espiritual, los alumnos estarán capacitados para aprender como sus dones deben funcionar dentro de la iglesia local.

La escuela del ministerio es el penúltimo nivel de entrenamiento de la academia y en ella el discípulo será orientado en como descubrir y desarrollar los dones que Dios les ha dado. En este nivel el alumno aprenderá los principios básicos de la naturaleza de la iglesia de Jesucristo y el gran privilegio que Dios nos ha dado de servir en ella. Para servir en la iglesia con excelencia, el discípulo aprenderá como identificar los dones funcionales que Dios le ha dado y la importancia de perfeccionar esos dones para el servicio maravilloso del rey de reyes. También entenderá la diferencia entre los dones espirituales, administrativos y ministeriales. Esto capacitara al creyente a funcionar dentro del reino de nuestro Señor, a través de la iglesia local, en una manera apasionada y ordenada.

El último nivel de la Academia de Discipulado es la escuela de líderes. Aquí enseñamos al creyente a cómo ser un líder en su hogar, en la iglesia y en su comunidad. Mientras el discípulo va creciendo en la gracia y en el conocimiento de Jesucristo, debe entender que su vida puede ser de una influencia positiva para los que están en su círculo de influencia. A esta altura, el cristiano estudiará los principios de liderazgo tomados de la vida de Jesús con el fin de ser empoderado a practicar los mismos principios en su vida cotidiana. Durante los cinco niveles de la academia de discipulado, estoy confiado de que el discípulo experimentará un crecimiento extraordinario bajo la supervisión de su maestro/mentor; y al completar el curso, estará listo para ser colaborador en la expansión del reino de nuestro señor, trabajando arduamente en su iglesia local.

Reglamentos de la Academia

Cada lección de estudio de la Academia de Discipulado contiene información práctica y pasajes bíblicos para la edificación del creyente. La mayoría de las lecciones en cada nivel pueden ser ministradas por el maestro/mentor, a sus discípulos, en una hora de clase. Las lecciones que son más extensos deben ser divididos en dos clases (ninguna lección debe ser dividido en tres clases). Si siguen este modelo, el alumno podrá completar la academia en un año y medio. Los reglamentos que siguen deben ser considerados por cada maestro/mentor:

> Todo estudiante de la Academia debe completar los cinco niveles de discipulado para poderse graduar.
>
> Todo estudiante debe cumplir con los proyectos de discipulado de cada módulo antes de ser promovidos al próximo nivel (véase a *los proyectos del discípulo*).

Todo estudiante debe completar un mínimo de ocho lecciones en cada nivel para ser promovidos al próximo nivel.

Todo estudiante debe venir completamente preparado a la clase para el estudio (con la Biblia, el libro de texto o el cuaderno, y una libreta de apuntes).

Para los alumnos que están estudiando algún nivel por su cuenta (sin un maestro) y desean recibir de nuestras oficinas un certificado de nuestro ministerio, deberán tomar un examen escrito (provisto por nuestras oficinas) en la presencia de algún oficial de su iglesia.

Toda instrucción o reglamento adicional está a la discreción del maestro.

Los materiales que corresponden a cada nivel están disponibles y pueden ser adquiridos comunicándose con las oficinas de nuestro ministerio al (973) 472-3498 o vía Internet a joaby@aol.com o www.academiadediscipulado.com.

Proyectos del discípulo

Cada nivel de preparación en la Academia de Discipulado viene con la asignación de un proyecto diseñado para la práctica de los principios bíblicos aprendido. En la mayoría de los casos, los maestros/mentores deben de estar presente para supervisar el desarrollo de sus discípulos. Estos proyectos son:

1. *La escuela de adoradores* – un retiro espiritual en la iglesia anfitriona con todos los alumnos

2. _La escuela de evangelismo_ – trabajo personal en las calles, plazas o "mall" de la cuidad

3. _La escuela de mentoría_ – trabajo personal en los hospitales o asilo de ancianos

4. _La escuela de ministerio_ – cada alumno debe ser voluntario de uno o varios ministerios de su iglesia local para descubrir donde Dios le está llamando a servir.

5. _La escuela de líderes_ – cada alumno debe asistir al retiro de líderes en preparación de su graduación. En este retiro, cada alumno compartirá su experiencia de formación con su clase. La última parte del retiro consistirá en una ceremonia de lavamiento de pies donde el alumno tomara para si un colega, y tomaran turnos para lavar los pies el uno al otro, orando y bendiciendo el uno al otro en el proceso.

El Líder

Modelando la vida de Jesús

Un llamado al Liderazgo

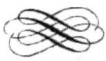

"Jesús nuestro ejemplo perfecto"
"Haya, pues, en vosotros este sentir que
hubo también en Cristo Jesús"
Filipenses 2:5-8

En la escuela de los adoradores aprendimos que la meta de cada discípulo es de ser transformado a la imagen y semejanza de Jesús. A este grado debes entender que esa meta incorpora varios principios, rasgos de carácter y un estilo de vida que no se logra de la noche a la mañana. Para decirte la verdad, la meta de ser como Cristo debe ser una actitud en ti que nunca debe de cesar. Con cada logro que realizas, su actitud debe ser más hambrienta para reflejar la persona de Jesucristo. Debes hacer todo lo posible de evitar un sentir de haber llegado al tope de su vida. Los que creen que han llegado al tope y piensan que lo han logrado todo, son buenos candidatos para el fracaso. Podemos decir que los que llegan al tope no tienen ningún otro lugar que ir sino para bajo. Es por eso que el discípulo nunca deja de escalar, crecer y anhelar algo más para la gloria de su Rey.

Tenemos este principio claramente revelado en la declaración del apóstol Pablo; "no es que lo he alcanzado todo, sino prosigo, a ver se logró aquello por lo cual Cristo me ha llamado" (Filipenses 3:13,14). Es interesante notar que el apóstol hace esta declaración cerca del final de su vida y ministerio. Él ya había logrado más para el Reino de Dios que cualquiera de los otros apóstoles. Sin embargo, su deseo de cumplir el llamado de Jesús le motivaba a seguir creciendo.

Dentro del llamado de ser como Jesús existe el reto del liderazgo. Jesús fue un líder y si deseamos ser como él, tenemos que aprender a ser líderes también. Un líder es una persona que *dirige o guía a otro; es aquella persona que va delante de otros; es aquel que es ejemplo a los demás*. Con esto en mente, vamos a estudiar nuestro pasaje central y así confirmar nuestro llamado de ser líderes en el Reino de Dios:

Filipenses 2:5 al 8 – "Haya, pues, en vosotros este sentir que hubo también en Cristo Jesús, el cual, siendo en forma de Dios, no estimo el ser igual a Dios como a cosa a que aferrarse, sino que se despojó así mismo, tomando forma de siervo, hecho semejante a los hombres; y estando en la condición de hombre, se humillo a sí mismo, haciéndose obediente hasta la muerte, y muerte de cruz."

Imitar a Cristo

La frase, "haya, pues, en vosotros este *sentir* que hubo también en *Cristo Jesús*" revela la gran responsabilidad que tenemos de ser como Cristo. El apóstol nos está enseñando que debemos poseer el mismo "sentir" que habito en nuestro Señor. Si analizamos esta palabra "sentir" en el lenguaje original (*phroneō)* descubriremos que la misma significa hallar entendimiento, ser sabio, sentir y pensar.[1] Este mandato nos exhorta a unir nuestros pensamientos con las de Cristo, que debemos ponernos en acuerdo con él, que debe haber armonía entre nuestras actitudes y comportamiento y las de Jesús. Todo esto nos indica el gran llamado que tenemos de imitar la vida de Jesús.

Debemos anotar que la clave del cumplimiento de imitar a Cristo tiene que ver más con vuestros pensamientos que con vuestros sentimientos. Esa palabra "sentir" va más allá de nuestros cinco sentidos humanos. Como analizamos arriba, el "phroneō" en nosotros incluye nuestros pensamientos, nuestro entendimiento y nuestra habilidad de tomar decisiones correctas (sabiduría). Como creyentes, Dios nos ha dado la habilidad de hallar la mente de Cristo y es con esa mentalidad correcta es que vamos a comenzar a imitar la vida de Jesús. Todo comienza con la mente. Con la mente razonamos, con la mente percibimos, colectamos pensamientos, discernimos intensiones, y en la mente nace nuestra voluntad. Todo lo que hacemos, comienza con un pensamiento. Es por eso que el autor de proverbios veintitrés escribió miles de años atrás; "No comas pan con el avaro, ni codicies sus manjares, porque cuál es su pensamiento en su corazón, tal es el" (prov. 23:6,7). Los versículos que siguen apoyan este gran llamado que tenemos de imitar a Jesús:

<u>Romanos 8:29</u> – *"Porque a los que antes conoció, también los predestino **para que fuesen hechos conforme a la imagen de su Hijo**, para que él sea el primogénito entre muchos hermanos."*

---

[1] James Strong, *Strongs Exhaustive Concordance* (Peabody: Hendrickson Publishers, 1990.

<u>Efesios 4:11al16</u> – "*...hasta que todos lleguemos a la unidad de la fe y del conocimiento del Hijo de Dios, **a un varón perfecto, a la medida de la estatura de la plenitud de Cristo**; para que ya no seamos niños fluctuantes, llevados por doquiera de todo viento de doctrina, por estratagema de hombres que para engañar emplean con astucia las artimañas del error, sino que siguiendo la verdad en amor, **crezcamos en todo en aquel que es la cabeza, esto es Cristo...**"*

Como les dije al comienzo de esta lección, la biblia nos exhorta a ser transformado a la imagen y semejanza de Cristo. Esto es la meta de cada creyente y como Jesús fue un gran líder aquí en la tierra, tú y yo, como sus discípulos, tenemos una gran encomienda de ser un líder integral para la gloria y honra de nuestro rey.

Características de Cristo

El Despojarse

Conforme a nuestro pasaje central, la primera característica del liderazgo modelado por Jesús fue el de despojarse. El pasaje revela que Jesús se *"despojo así mismo."* Esta palabra (*kenoō*) significa *vaciar* dejándonos entender que en el proceso de la encarnación de Jesús él puso a un lado la igualdad o la forma que tenía con el Padre. Es importante entender que cuando Jesús se despojó a si miso para venir a la tierra no dejo de ser Dios, sino que puso a un lado algo para tomar otro. Algún teólogo lo explica de tal manera; Jesús se *vació para poner*. ¿Qué podemos aprender de esta característica del liderazgo de Cristo? ¿Cuál es la lección que debemos considerar e imitar?

Debemos entender que el liderazgo eficaz requiere sacrificio. Si Jesús se despojó de algo para cumplir su misión podemos estar seguro que nosotros también tendremos que despojarnos de algunas cosas para lograr otras. Los pasajes abajo hablan sobre el valor del sacrificio y la abnegación con el fin de lograr algo mejor:

Mateo 16:25 – *"Porque todo el que quiera salvar su vida, la perderá; y todo el que **pierda su vida por mi causa, la hallara**."*

Mateo 19:21 – *"Jesús le dijo: Si quieres ser perfecto, anda, vende lo que tienes, y dalo a los pobres, y **tendrás tesoro en el cielo**; y ven y sígueme."*

Filipenses 3:8 – *"Y ciertamente, aun estimo todas las cosas como perdida por la excelencia del conocimiento de Cristo Jesús, mi Señor, por amor del cual **le he perdido todo,** y lo tengo por basura, **para ganar a Cristo**."*

Lucas 18:29,30 – *"Y él les dijo: De cierto os digo, que no hay nadie que haya dejado casa, o padres, o hermanos, o mujer, o hijos, por el reino de Dios, **que no haya de recibir mucho más en este tiempo,** y en el siglo venidero la vida eterna."*

En estos versículos vemos el mandato de despojarse de nuestra propia vida con el fin de recibir la vida de Cristo y de despojarnos de tesoros terrenales para hallar tesoros celestiales. Pablo confiesa de haber "perdido todo" para ganar a Cristo y lo dice con gozo dejando entender que él había escogido lo mejor. En conclusión, nuestro Señor Jesucristo nos da una promesa impresionante recordándonos que todo lo que hemos dejado para el reino de Cristo será adecuadamente recompensado no solo en la eternidad, pero aun "en este tiempo." Por lo cual, todo aquel que desea imitar la vida de su maestro Jesucristo debe tomar una actitud de sacrificio despojándose de todo lo que Cristo requiere en su palabra con el fin de ser útil para el servicio del reino.

El Servicio

La segunda característica de nuestro Señor según nuestro pasaje central es la actitud de *servicio*. Ella nos enseña que Jesús tomo "forma de siervo" cuando vino a la tierra. Esto es sumamente esencial para el líder que desea ser productivo en la iglesia pues su misión nunca será realizada sin un cuerpo de creyentes que poseen un corazón de servicio. Jesús comunica esta verdad en el evangelio según Mateo cuando dijo: "El Hijo del Hombre no vino para ser servido, sino a servir, y dar su vida en rescate por muchos" (Mateo 20:28). Los líderes que imitan a Cristo son aquellos que no están buscan ser un *protagonista* en la iglesia sino un servidor. Cuando uno está predicando, enseñando, administrando o cualquier otra función en el reino de Dios debe hacerlo con una mentalidad de servidor. En esta sociedad de tecnología avanzada tenemos acceso a ministerios e iglesias alrededor del mundo entero y tenemos que cuidarnos de ser tentados en codiciar lo que tiene uno de nuestros hermanos en la fe. Esto junto con el *señuelo del protagonismo cristiano* amenaza el verdadero espíritu del liderazgo que Cristo vino a modelar. Este espíritu de celebridad o fama dentro del corazón del líder producirá una iglesia egocéntrica y arrogante y esto no fue lo que Jesús nos modelo. Cristo vino a servir, pero los protagonistas desean que otros le sirvan. Cristo vino a edificar y levantar a otros más el que piensa que es estrella quiere ser el único que brille. Estaremos hablando con más detalle sobre el servicio en las lecciones que siguen, mientras tanto, quiero tomar el tiempo de extraer algunos puntos importantes del siguiente pasaje bíblico:

"Hubo también entre ellos una disputa sobre quién de ellos sería el mayor. Pero él les dijo; Los reyes de las naciones se enseñorean de ellas, y las que sobre ellas tienen autoridad son llamados bienhechores; mas no así vosotros, sino sea el mayor entre vosotros como el más joven, y el que dirige, como el que sirve. Porque, ¿Cuál es el mayor, el que se sienta a la mesa, o el que sirve? ¿No es el que se sienta a la mesa? Mas yo estoy entre vosotros como el que sirve" (Lucas 22:24-27).

Puntos de aprendizaje

En primer lugar, debe anotar que los discípulos estaban discutiendo y el tema era "quién de ellos será el mayor." Esto significa que estaban peleando por posiciones dentro del futuro reinado de Jesús. De esto podemos aprender que aun los que aman y siguen a Jesús (como sus discípulos) pueden pensar en una manera equivocada.

Jesús identifica la raíz del pleito. Este tipo de pensamiento equivocado venia de "los reyes de la nación." En otras palabras, venia del pensamiento mundano. De esto podemos aprender que cuando pensamos que somos mayores que nuestros hermanos tenemos una mentalidad carnal y tenemos que arrepentirnos.

Jesús revela la mentalidad de su reino cuando dijo; "mas no así vosotros." Con esto les estaba enseñando que su manera era diferente. Para el mundo, el que se sienta a la mesa es mayor que el mesero, pero en el reino de Dios los meseros son mayores. Mayores no en el sentido de que valen más que otro, sino que están ejerciendo un acto de servicio y servir es mayor que ser servido. De esto podemos aprender que nuestro sentido de valor no está basado en la opinión popular o en la posición que tenemos. Nuestro valor está basado en aquel que nos salvó y nos llamó para servir en su reino. Servir es una posición mayor que ser servido es por eso que Cristo dijo; "yo estoy entre vosotros como el que sirve."

Identificación

Cuando Jesús se encarno fue hecho *"semejante a los hombres."* Con este acto la humanidad pudo conectarse y relacionarse con él. Ellos pudieron *identificarse* con Jesús porque se izó *uno de ellos*. Esto es uno de las características que producirá resultados productivos para el líder. Para ser un líder productivo uno tiene que tener influencia; y para poder influenciar a alguien para el bien el pueblo que diriges tendrá que sentir una conexión con el líder. El líder con que cuyo pueblo no se identifica terminara solo y frustrado pues su éxito está directamente relacionado con el pueblo que dirige. En otras palabras, un líder sin el respaldo del pueblo no podrá cumplir la misión que Dios le ha dado. Los apóstoles entendieron esto por lo cual la iglesia primitiva disfrutaba de una dulce comunión pues ellos se identificaron no solo con los líderes, pero el uno con lo otro; "Y sobre vino temor a toda persona; y muchos maravillas y señales eran hechas por los apóstoles. Todos los que habían creído estaban juntos, y tenían en común todas las cosas; y vendían sus propiedades y sus bienes, y lo repartían a todos según la necesidad de cada uno. Y perseveraban unánimes cada día en el templo, y partiendo el pan en las casas, comían juntos con alegría y sencillez de corazón, alabando a Dios, y teniendo favor con todo el pueblo. Y el Señor añadía cada día a la iglesia los que habían de ser salvos" (Hechos 2:43-47). Por lo cual, cada líder necesita hallar una conexión con la gente, el pueblo y las generaciones que él está sirviendo para que el reino de Dios sea expandido y para que el Hijo de Dios sea glorificado.

Otro aspecto del principio de la identidad del liderazgo es confianza; esto es, el líder tiene que estar seguro de quien él es en Cristo. Un líder sin seguridad de identidad proyectara duda, confusión e inseguridad en los que le siguen. Así como Jesús sabía que era el Hijo de hombre, el Hijo de Dios y el Rey de los judíos (entre otros títulos), el líder necesita poseer una identidad seguro de sí mismo. Los versículos que nos ayudara a entender este principio más claro:

Gálatas 2:20 – *"Con Cristo estoy juntamente crucificado, y ya no vivo yo, más vive Cristo en mí; y lo que ahora vivo en la carne, lo vivo en la fe del hijo de Dios, el cual me amo y se entregó a si miso por mí."*

El apóstol Pablo está confesando su identidad en Cristo. Debemos anotar que el apóstol hallo su identidad en Cristo como resultado de una crucifixión personal. Es decir, Pablo enterró toda agenda personal para adoptar la vida de su maestro Jesucristo. El líder que ha muerto al *yo* reflejará la vida de Cristo en su liderazgo y tendrá resultados impresionantes. Podemos decir, hay que morir para vivir.

1 Corintios 6:19 – *"¿O ignoráis que vuestro cuerpo es templo del Espíritu Santo, el cual está en vosotros, el cual tenéis de Dios, y que no sois vuestros?"*

Las escrituras nos enseñan claramente que el creyente es propiedad de Dios y posee el Espíritu de Dios. Esto es un punto clave en la identidad del líder. Somos templos de Dios. Somos cargadores de la presencia de Dios. Somos una obra maestra. Si consideramos el lenguaje del autor junto con la línea contextual de este pasaje aprenderemos que nuestra identidad en Cristo es santa. Como templos de Dios tenemos el llamado y la responsabilidad de vivir una vida separada del pecado y de los placeres del mundo para servir la obra y los propósitos de nuestro Rey y Señor. Somos un pueblo santo.

La Humildad

En este próximo punto del pasaje principal aprendimos que Cristo fue humilde (se humillo a sí mismo). Algunos de nosotros hemos sido criados pensando que la gente humilde son tontos y débiles. Sin embargo, las escrituras nos dicen lo contrario; la biblia enseña que la humildad es una característica de poder y fuerza y pienso que es un atributo esencial para el líder cristiano. Considera a Jesús que fue "manso y humilde" (Mateo 11:29) y Moisés que fue el hombre más humilde de su generación (Números 12:3). Ninguno de ellos es reconocido como líderes débiles sino gigantes y poderosos, no solo en la iglesia sino en el mundo entero. Juan el bautista mostro un carácter humilde cuando sus discípulos se quejaron porque Jesús estaba recibiendo más fama que él. Escucha su respuesta, "Vosotros mismos me sois testigos de que dije: Yo no soy el Cristo, sino que soy enviado delante de él. El que tiene la esposa, es el esposo; más el amigo del esposo, que está a su lado y le oye, se goza grandemente de la voz del esposo; así pues, este mi gozo está cumplido. *Es necesario que el crezca, pero que yo mengue"* (Juan 3:28-30). Juan pudo hacer esta declaración de humildad porque el entendió su rol o posición dentro del reino de Cristo. Por lo cual Jesús dijo de él; "entre los que nacen de mujer no se ha levantado otro mayor que Juan el bautista" (Mateo 11:11). Aun Gandhi, el líder indio (1869-1948), impacto las mentes y los corazones de su nación no con fuerza militar sino con ayunos, oraciones y enseñanzas. Con estos ejemplos poderos podemos entender que los humildes son las personas más poderosas que existen en la tierra. Toma un tiempo para meditar sobre los pasajes bíblicos abajo; ellas nos exhortan a ser creyentes humildes:

Miqueas 6:8 – *"Oh hombre, él te ha declarado lo que es bueno, y qué pide Jehová de ti: solamente hacer justicia, y amar misericordia, y **humillarte ante tu Dios.**"*

Romanos 12:3 – *"Digo, pues, por la gracia que me es dada, a cada cual que está entre vosotros, que **no tenga más alto concepto de sí que el que debe tener**, sino que piense de sí con cordura, conforme a la medida de fe que Dios repartió a cada uno."*

Santiago 4:10 – *"**Humillaos** delante del Señor, y él os exaltará."*

1 Pedro 5:5,6 – *"Igualmente, jóvenes, estad sujetos a los ancianos; y todos, sumisos unos a otros, **revestíos de humildad**; porque: Dios resiste a los soberbios, **Y da gracia a los humildes. Humillaos**, pues, bajo la poderosa mano de Dios, para que él os exalte cuando fuere tiempo."*

El Compromiso

El último punto de nuestra enseñanza se encuentra en la frase, *"obediente hasta la muerte y muerte de cruz."* Con ella entendemos que Jesús no solo se despojó, tomo forma de siervo, se identificó con los suyos y se humillo, sino que cumplió su misión primordial. Todo lo demás fue pasos para lograr una cosa esencial, la cruz. En la cruz el pago por nuestros pecados, en la cruz el llevo nuestras dolencias, en la cruz el sano nuestras enfermedades. En la cruz el cumplió lo que el Padre le encomiendo. Con esto debemos ser motivados a cumplir el llamado que Dios ha puesto sobre nosotros como seguidores de Jesús. Cada uno de nosotros tenemos un llamado. Cada uno de nosotros tiene una asignación divina. Cada uno de nosotros tiene un destino glorioso en Cristo. Así como Cristo cumplió, el líder espiritual debe cumplir también. Consideremos los versículos abajo junto con las notas de enseñanza. Con ellas serás motivado y retado para comprometerte con Cristo hasta el fin:

<u>Mateo 22:14</u> – *"Porque muchos son llamados, y pocos escogidos."*

Comienzo con este pasaje porque es importante entender que no todos los que son llamados cumplen los propósitos de Dios en su vida. El hecho de que alguien tiene un título ministerial de líder no significa que esa persona está cumpliendo lo que Dios le ha encomendado. El cumplimiento de una misión requiere pasión para Dios y su reino y el hecho de que somos llamados no significa que el cumplimiento es automático. Tenemos que esforzarnos en Cristo y ser obediente. En el contexto de este pasaje los primeros invitados se conformaron con los afanes de la vida de tal manera que despreciaron la invitación de su Señor. Espero que usted no cometas el mismo error.

2 Timoteo 4:3al5 – *"Porque vendrá tiempo cuando no sufrirán la sana doctrina, sino que teniendo comezón de oír, se amontonarán maestros conforme a sus propias concupiscencias, y apartarán de la verdad el oído y se volverán a las fábulas. Pero tú sé sobrio en todo, soporta las aflicciones, haz obra de evangelista, cumple tu ministerio."*

En este pasaje el apóstol Pablo aconseja a su hijo en la fe de "cumplir" su ministerio. Lo amonesta de esta forma porque él reconoce que habrá cosas en el mundo y aun en la iglesia que tratará de desviar el ministro joven de cumplirlo. Por lo cual, Pablo sirve de ejemplo a Timoteo recordándole él ha "peleado la buena batalla," que el acabo "la carrera," y "guardo" su fe. Por lo demás, me está guardada la corona de justicia, la cual me dará el Señor, juez justo, en aquel día; y no sólo a mí, sino también a todos los que aman su venida" (versículos 7,8). En la misma manera el líder espiritual debe evitar las distracciones del mundo moderno y esforzarse para cumplir el ministerio que Dios ha puesto en sus manos. Pues en el día final, recibirá su corona, si persevera hasta el fin.

Liderazgo Cristo-Céntrico

"El ministerio de Jesús"

En la primera lección de este nivel aprendimos que Cristo fue un líder poderoso y de igual manera el discípulo de Jesús tiene un gran llamado de ser un líder para su reino. Dentro de ese llamado al liderazgo, compartí el mandato bíblico de ser como Jesús apuntando cinco características que Cristo modelo en su encarnación. En esta lección vamos a estudiar cinco principios fundamentales que Jesús ejecuto como líder en su ministerio y así continuar el espíritu de aprendizaje Cristo-Céntrica.

Cinco fundamentos ministeriales de liderazgo

Demostración

Lo primero que deseo enfatizar del ministerio de Jesús es el principio de demostración. Con esto digo que Jesús demostró a su pueblo y todos sus seguidores como un verdadero líder debe vivir. En otras palabras, él fue un ejemplo digno de seguir y la gente lo respetaba y se maravillaban de él. En una ocasión el sano a alguien en la sinagoga que tenía un demonio y el pueblo estaban, "todos maravillados, y hablaban unos a otros, diciendo: ¿Qué palabra es esta, que con autoridad y poder manda a los espíritus inmundos, y salen? Y su fama se difundía por todos los lugares de los contornos" (Lucas 4:36,37). Esto solo es un ejemplo de muchos en los evangelios donde los judíos admiraron su ejemplo. Los únicos que hablaron mal de él eran los líderes religiosos (Fariseos, Saduceos y Escribas) que tenían celos de su ministerio y buscaban la manera de atrápalo, desacreditarlo y matarlo. Todos los que le escucharon con sinceridad y honestidad fueron impactados por su mensaje y por sus obras milagrosas.

Además de esto, la biblia enseña que Jesús vino a la tierra para ser un ejemplo ideal para la humanidad. El apóstol Pablo confirma este punto en su carta a los romanos; "Y sabemos que a los que aman a Dios, todas las cosas les ayudan a bien, esto es, a los que conforme a su propósito son llamados. Porque a los que antes conoció, también los predestino para que fuesen hechos conformes a la imagen de su hijo, para que él sea el primogénito entre muchos hermanos" (Romanos 8:28,29). La frase "primogénito entre muchos hermanos" nos enseña que Cristo vino a ser el primero pero no el único; el vino a ser nuestro ejemplo.

Con este primer punto de liderazgo Cristo-céntrico debemos de tener la convicción de que la primera persona que cada líder tiene que dirigir es a sí mismo. El que desea mandar a otros necesita aprender a seguir sus propias instrucciones primero. La biblia dice que, "Mayor es el que tarda en airarse que el fuerte; Y el que se enseñorea de su espíritu, que el que toma una ciudad" (Proverbios 16:32). Antes de que otros nos sigan debemos estar seguros que somos un ejemplo positivo para nuestros discípulos; pues sino procuramos esto, entonces se cumplirá lo que Jesús enseño cuando dijo; "si el ciego guiare al ciego, ambos caerán en el hoyo" (Mateo 15:14).

Es importante que anotemos que no estamos hablando de la perfección. No tenemos que ser perfectos para ser líderes pero si debemos ser maduros. Los apóstoles no eran perfectos, sin embargo, la biblia registra que la mayoría de ellos fueron grandes líderes después de la ascensión de Jesús. Sabemos que ellos no fueron perfectos porque Pedro negó a Jesús (Juan 18:25-27), Juan y Jacobo trataron de manipular una posición en el reino de Cristo (Mateo 20:20-28), y aun Pablo tenía un aguijón en su carne que le bofeteaba constantemente (2 Corintios 12:7). Ellos lograron éxito porque sus debilidades no pudieron impedir el progreso de su desarrollo espiritual. Su pasión para crecer y ser líder en el reino de Dios pudo más que los obstáculos. Los versículos bíblicos que siguen nos exhortan a ser ejemplos a otros y nos enseñan que los discípulos de uno no solo están imitando a Cristo pero están imitando a nosotros:

2 Tesalonicenses 3:6-9 – *"Pero os ordenamos, hermanos, en el nombre de nuestro Señor Jesucristo, que os apartéis de todo hermano que ande desordenadamente, y no según la enseñanza que recibisteis de nosotros.* ***Porque vosotros mismos sabéis de qué manera debéis imitarnos; pues nosotros no anduvimos desordenadamente entre vosotros****, ni comimos de balde el pan de nadie, sino que trabajamos con afán y fatiga día y noche, para no ser gravosos a ninguno de vosotros; no porque no tuviésemos derecho,* ***sino por daros nosotros mismos un ejemplo para que nos imitaseis.****"*

1 Tesalonicenses 1:6 – *"Y vosotros vinisteis a ser **imitadores de nosotros y del Señor**, recibiendo la palabra en medio de gran tribulación, con gozo del Espíritu Santo."*

1 Pedro 5:1-3 – *"Ruego a los ancianos que están entre vosotros, yo anciano también con ellos, y testigo de los padecimientos de Cristo, que soy también participante de la gloria que será revelada: Apacentad la grey de Dios que está entre vosotros, cuidando de ella, no por fuerza, sino voluntariamente; no por ganancia deshonesta, sino con ánimo pronto; no como teniendo señorío sobre los que están a vuestro cuidado, sino **siendo ejemplos de la grey**."*

Invitación

El segundo concepto ministerial modelado por Jesús en su ministerio de liderazgo fue el principio de invitación. Jesús *invitaba* a las personas a seguirle. Todos los discípulos de Jesús fueron escogidos por él personalmente. Aun Judas el traicionero fue escogido por Jesús y jugó un papel importante en el cumplimiento de su ministerio. Este principio a primera vista parece muy sencillo pero la verdad es que requiere mucho discernimiento, sabiduría y paciencia. Para poder ser eficiente con este componente de liderazgo el discípulo tiene que aprender a ser guiado por el Espíritu Santo. Tiene que saber reclutar discípulos que eventualmente serán parte de su *equipo de liderazgo*. Por lo cual tiene que tener la habilidad de ver el potencial que hay en las personas. El tesoro de Dios esta puesta profundamente en las vidas que él ha llamado y solo las personas que tienen visión divina pueden ver potencial en alguien y llamadlos a ser entrenados con el fin de desarrollar y sacar afuera lo que Dios ha puesto dentro de ellos. Más adelante, en la lección titulada "trabajando en equipo", estudiaremos algunos principios esenciales para escoger las personas adecuadas para un equipo de liderazgo. Por ahora, revisa los pasajes bíblicos abajo y medita en la manera que Jesús invito a sus discípulos a seguirle:

Lucas 5:27-32 – *"Después de estas cosas salió, y vio a un publicano llamado **Leví**, sentado al banco de los tributos públicos, y **le dijo: Sígueme**. Y dejándolo todo, se levantó y le siguió. Y Leví le hizo gran banquete en su casa; y había mucha compañía de publicanos y de otros que estaban a la mesa con ellos. Y los escribas y los fariseos murmuraban contra los discípulos, diciendo: ¿Por qué coméis y bebéis con publicanos y pecadores? Respondiendo Jesús, les dijo: Los que están sanos no tienen necesidad de médico, sino los enfermos. No he venido a llamar a justos, sino a pecadores al arrepentimiento."*

Debemos anotar que en la cultura de este siglo los publicanos no tenían una buena reputación con el pueblo por varias razones. De esto podemos ver que la selección de Jesús no fue basada en la opinión popular sino en los propósitos divinos. De igual manera anote que su selección y compañía fue criticada por los líderes religiosos.

Juan 1:43-46 – *"El siguiente día quiso Jesús ir a Galilea, y hallo a Felipe, y le dijo: Sígueme. Y Felipe era de Betsaida, la cuidad de Andrés y Pedro. Felipe hallo a Natanael, y le dijo: Hemos hallado a aquel de quien escribió Moisés en la ley, así como los profetas: a Jesús, el hijo de José, de Nazaret. Natanael le dijo: ¿De Nazaret puede salir algo de bueno? Le dijo Felipe: Ven y ve."*

La frase "quiso Jesús ir" nos deja entender que Jesús sintió la inquietud de ir a Galilea y allí hallo a Felipe de Betsaida. Esto nos enseña que debemos de ser guiados por Dios en las selecciones que tomamos. No solo esto, pero vemos aquí que una buena decisión puede producir bendiciones adicionales pues Felipe fue responsable de traer a Natanael.

Conexión

Cuando analizamos el liderazgo de Jesucristo encontramos que el *demostró* características de un líder digno de imitar, el *invito* a otros que le siguiera en manera personal, y él se *conectó* con las personas que tomaron la decisión de ser su discípulo. La conexión que logro tener con sus discípulos fue basada en el amor genuino que él les mostraba. Cristo fue más que su maestro o líder religioso, él fue su padre espiritual. Jesús los amo, los cuido y suplió sus necesidades básicas. Este es el punto de la paternidad espiritual que estudiamos en el nivel tres. Cada líder necesita poseer un corazón paternal para nutrir y criar a las personas que están bajo su cuidado espiritual. Debe buscar la manera de tomar el tiempo de conectarse con las personas que está dirigiendo. Es más productivo guiar personas de cerca que de lejos. Cuando andamos cerca de los nuestros, escuchamos lo que hablan, vemos lo que comen, y sabemos lo que creen. Como líder, debes conectarte en manera personal y genuina con tus discípulos. Considere el ejemplo de Jesus con los Samaritanos; *"Entonces vinieron los samaritanos a él y le rogaron que se quedase con ellos; **y se quedó allí dos días**. Y creyeron muchos más por la palabra de él, y decían a la mujer: Ya no creemos solamente por tu dicho, porque nosotros mismos hemos oído, y sabemos que verdaderamente éste es el Salvador del mundo, el Cristo" (Juan 4:40-42)*. Jesús modela el principio de "conexión" en este pasaje acordando quedarse en Samaria por dos días. Su influencia fue tan impactante en esos días que muchos se convirtieron y la cuidad entera fue transformada.

El apóstol Pablo también fue un gran ejemplo de la paternidad espiritual conectándose con sus seguidores en una manera especial; *"Porque nunca usamos de palabras lisonjeras, como sabéis, ni encubrimos avaricia; Dios es testigo; ni buscamos gloria de los hombres; ni de vosotros, ni de otros, aunque podíamos seros carga como apóstoles de Cristo. Antes **fuimos tiernos entre vosotros, como la nodriza que cuida con ternura a sus propios hijos.** Tan grande es nuestro afecto por vosotros, que hubiéramos querido entregaros no sólo el evangelio de Dios, sino **también nuestras propias vidas**; porque habéis llegado a sernos muy queridos" (1 Tesalonicenses 2:5-8).* Considere el lenguaje de conexión paterna que el apóstol Pablo usa aquí; "fuimos tiernos…como la nodriza que cuida con ternura a sus propios hijos…porque habéis llegado a sernos muy queridos." Como líderes tenemos la gran responsabilidad de conectarnos a nuestros discípulos. Para lograr esto tendremos que ser *tiernos* con ellos, tratarlo *como hijos* y no miembros solamente, y debemos tener un compromiso tan serio que le estamos entregando *nuestra propia vida*.

Impartición

Jesús dedico un gran parte de su ministerio entrenando, enseñando y preparando sus discípulos para servir en su reino. En este proceso de impartición el tomo de lo que la tenia y lo transmitió a ellos. Cuando estudiamos los evangelios vemos que Jesús oro con y por sus discípulos, compartió la palabra con sus discípulos y les aconsejaba. Cuando impartía en ellos lo hacía con el fin de compartir a ellos su mente, su corazón y su espíritu. Podemos decir entonces que el trabajo de impartición es cuando compartimos algo a nuestros discípulos con el fin de transmitir nuestro corazón, mente y actitud. Por lo cual parte del trabajo de liderazgo es de tomar lo que Dios nos ha dado y transmitirlo a nuestros seguidores.

El primer nivel de impartición es la oración. Cuando Jesús oraba por sus discípulos, y le enseñaba a orar, estaba impartiendo en ellos su corazón y su espíritu. En una ocasión, Jesús estaba orando en un lugar y cuando termino uno de sus discípulos le dijo; "Señor enséñanos a orar, como también Juan enseñó a sus discípulos" (Lucas 11:1). Es en esta ocasión que Jesús comunica la oración del famoso Padre Nuestro. En otra ocasión Jesús toma un capítulo entero para orar por sus discípulos y por nosotros. Escucha el lenguaje; "Yo ruego por ellos; no ruego por el mundo, sino por los que me diste; porque tuyos son, y todo lo mío es tuyo, y lo tuyo mío; y he sido glorificado en ellos. Y ya no estoy en el mundo; más estos están en el mundo, y yo voy a ti. Padre santo, a los que me has dado, guárdalos en tu nombre, para que sean uno, así como nosotros...Mas no ruego solamente por estos, sino también por los que han de creer en mí por la palabra de ellos" (Juan 17:9-11,20). Estos dos ejemplos bíblicos nos enseñan que el líder espiritual debe orar por sus discípulos y así impartir en ellos el Espíritu de Cristo.

El segundo nivel que deseo comunicar en este punto es la impartición de la palabra. Si analizamos bien la vida de Jesús descubriremos que él dedico bastante tiempo predicando y enseñando la ley de Dios a sus discípulos. Impartir a sus discípulos en oración es importante y formara su corazón, pero la impartición de la palabra de Dios en ellos es esencial y formara sus mentes. Considere los siguientes pasajes bíblicos:

Mateo 4:23 – *"Y recorrió Jesús toda Galilea, **enseñando** en las sinagogas de ellos, y **predicando** el evangelio del reino, y sanando toda enfermedad y toda dolencia en el pueblo."*

Mateo 5:1,2 – *"Viendo la multitud, subió al monte; y sentándose, vinieron a él sus discípulos. Y abriendo su boca les **enseñaba**."*

El último nivel de impartición para nuestro estudio es la de consejería. Esto es necesario ejercer después que su discípulo ha recibido la palabra y se encuentra confundido. Cuando aconsejamos estamos aclarando las dudas que tienen nuestros discípulos con el fin de que puedan hallar un entendimiento claro. Este nivel final es sumamente importante ya que un discípulo confundido aplicara en manera equivocada las enseñanzas que ha recibido y la aplicación equivocada de un principio bíblico puede resultar en maldición, destrucción y la multiplicación de conceptos erróneos. Vemos un ejemplo de esto en la última lección cuando los discípulos pelearon para ver quién de ellos iba ser el mayor en el reino de Cristo (Lucas 22:24-27). El hecho de que no entendieron correctamente el principio del servicio y que Cristo no venía para establecer un reinado físico (la primera vez), resulto en pleitos y divisiones. Sin embargo, un discípulo que busca entender claro lo que enseña la biblia y lo aplica, será bendecido en lo que hace. En varias ocasiones Jesús tomo el tiempo para contestar las preguntas de los discípulos. Los pasajes abajo nos dan algunos de estos ejemplos:

Mateo 13:10,11 – *"Entonces, acercándose los discípulos, le dijeron:*

¿Por qué les hablas por parábolas? El respondiendo les dijo..."

Mateo 13:36 – *"Entonces, despedida la gente, entro Jesús en la casa; y acercándose a él sus discípulos, le dijeron: Explícanos la parábola de la cizaña del campo."*

Mateo 15:15,16 – *"Respondiendo Pedro, le dijo: Explícanos esta*

parábola. Jesús dijo: ¿También vosotros sois aun sin entendimiento?"

Comisión

El ultimo componente de liderazgo que quiero compartir es el principio de la comisión. Cuando Jesús termino su trabajo de discipulado con aquellos que él había escogido, los envió como obreros al mundo con el fin de continuar el ministerio que él había comenzado. Es importante enviar a las personas que hemos entrenados al servicio del Señor en el momento apropiado. No debemos de soltarlos muy rápido ni detenerlos por mucho tiempo. Si le enviamos antes de tiempo pueden fracasar y ser heridos de tal forma que pierden el deseo de trabajar para Cristo. Si lo detenemos por mucho tiempo después que han madurado, se frustraran y buscaran otros medios para servir a Jesús. Si fallamos en esto, tomamos el riesgo de perder la confianza del obrero que ha sido llamado por Dios a trabajar en su reino. El líder espiritual necesita poseer la gracia, fe y habilidad de comisionar las personas bajo su responsabilidad, conforme a su llamado y capacidad. Cuando los líderes de la iglesia son eficientes en delegar responsabilidades, posiciones y ministerios a creyentes bajo su liderazgo, la iglesia aumentara en números y en salud espiritual. El apóstol Pablo enfatizo este punto a la iglesia de Éfeso cuando dijo: "siguiendo la verdad en amor, crezcamos en todo en aquel que es la cabeza, esto es Cristo, de quien todo el cuerpo, *bien concertado* y unido entre sí por todas las coyunturas que se ayudan mutuamente, según la *actividad propia de cada miembro*, recibe su crecimiento para ir edificándose en amor" (Efesios 4:15,16). Este pasaje revela claramente que la iglesia que está "bien concertado" con la "actividad propia" de los miembros, crece y se edifica saludablemente (en amor).

Aprendimos con el último pasaje que la habilidad de comisionar adecuadamente es un punto crucial en la vida de la iglesia. Cuando enviamos conforme a los patrones bíblicos tendremos éxito; si violamos las escrituras en el proceso de delegación, tomaremos el riesgo de herir y dividir la iglesia de Jesucristo. Los principios para comisionar obreros abajo, basada en su mayoría en el primer capítulo del libro de Hechos, ayudaran al líder en esto (toma el tiempo de leerlo antes de revisar los puntos).

Principios para comisionar

Enviar temporeramente

Jesús envió a sus discípulos a trabajar en por lo menos dos ocasiones como parte de su entrenamiento antes de enviarlos la tercera y última vez (Lucas 9:1,2 / Lucas 10:1,17). Con esto podemos aprender que debemos comisionar a nuestros discípulos para misiones temporeras como parte del proceso de entrenamiento antes de asignarles una misión o ministerio permanente.

Enviar a los maduros

Jesús envió a sus discípulos solo cuando estaban adecuadamente preparados. El hecho de que Jesús ascendió al cielo después de comisionarles significa que ya su trabajo de discipulado con ellos había terminado. Esto no significa que no iban a seguir creciendo, sino que estaban listos para ser promovidos a un nivel más alto de responsabilidad e influencia dentro del reino de Dios. Por lo cual, estaban adecuadamente preparados para ser enviados.

Enviar con propósito

Jesús los envió a ser testigos de él. El Doctor Lucas usa ese lenguaje "y me series testigos." Esto nos enseña que el ministerio del líder debe ser enfocado en Jesús. El líder donde cuyo ministerio ha perdido un enfoque Cristo-Céntrico transmitirá un mensaje y espíritu equivocado a los que le siguen. Tal ministro es un candidato para recibir la disciplina de nuestro padre celestial.

Enviar a los ungidos

Jesús los ordeno a ser lleno del Espíritu Santo antes de salir a ministrar a las multitudes. Hablaremos de esto en una de las lecciones más adelante. Mientras tanto, debemos entender que cada líder necesita la llenura del Espíritu de Dios para ejecutar un liderazgo fructífero y poderoso.

Enviar a los fieles

Jesús envió a sus discípulos a ministrar en algunas regiones específicas bajo un proceso de fidelidad progresivo. Los pasos del proceso eran: (1) área local – ellos fueron comisionados a ser *"testigos en Jerusalén"*; (2) área regional - ellos fueron comisionados a ser testigos "en Judea"; (3) área nacional - ellos fueron comisionados a ser *"testigos en Samaria";* (4) área internacional - ellos fueron comisionados a ser *"testigos en los confines de la tierra."*

Si seguimos el patrón establecido en este pasaje bíblico (Hechos 1), entonces el líder está llamado a ser fiel testigo primero en su casa e iglesia local; el líder que muestra fidelidad en el área local puede ser promovido a un ministerio regional; el líder que muestra fidelidad en el área local y regional puede ser promovido a un ministerio nacional; y el líder que muestra fidelidad en los primeros tres niveles puede ser promovido a un ministerio internacional.

Jesús utilizo estos principios para formar líderes eficientes, maduros y fructíferos. Cuando la iglesia de Jesús implementa los mismos principios para formar a sus feligreses, desfrutara de los mismos resultados que desfruto Jesús y sus apóstoles.

Componentes del Servicio

"Jesús es servidor"

Antes de la fiesta de la pascua, sabiendo Jesús que su hora había llegado para que pasase de este mundo al Padre, como había amado a los suyos que estaban en el mundo, los amo hasta el fin. Y cuando cenaban, como el diablo ya había puesto en el corazón de Judas Iscariote, hijo de Simón, que le entregase, sabiendo Jesús que el Padre le había dado todas las cosas en las manos, y que había salido de Dios, y a Dios iba, se levantó de la cena.

Juan 13:1-4

En la primera lección de esta unidad revisamos algunas de las características de Cristo conforme al libro de Filipenses. En ella el apóstol Pablo describe algunos puntos de la encarnación que describía el carácter de Jesús. Entre ellas anotamos que cuando Jesús vino el "tomo forma de siervo" dejándonos entender que el vino para ser un gran servidor. Vimos la confirmación de este punto en el evangelio de Mateo cuando Jesús declara haber venido para servir y no ser servido (Mateo 20:28). En conclusión, describí el *espíritu del protagonismo* que está presente en algunos ministerios hoy en día que está haciendo daño a la misión de Jesucristo. Confirme la actividad de este espíritu equivocado dentro de la iglesia citando el evangelio de Lucas (22:24 al 27) donde la misma relata la historia de los discípulos discutiendo sobre quien entre ellos iba ser el mayor en el reino del mesías. Jesús respondió dándoles una enseñanza sobre el mesero y con ella aprendimos que los que piensan ser mayores que los demás, deseando que otros le sirvan, tienen una mentalidad mundana (carnal) que no proviene del reino de los cielos. En esta lección vamos a continuar estudiando el principio del servicio que es un concepto clave para desarrollar un liderazgo productivo. Con esto en mente, abra su biblia y lea el capítulo trece de Juan para poder entender bien el contexto de nuestro estudio.

Componentes esenciales del servicio

El factor del tiempo

El primer componente del servicio que me llama la atención conforme es el hecho de que Jesús sirvió aquí en la tierra dentro de las limitaciones del tiempo. El versículo uno declara que Jesús, sabiendo que *"su hora había llegado* para pasar de este mundo al Padre" se levantó de la cena para lavar los pies de sus discípulos. El hecho de que Jesús respeto el espacio de tiempo que le fue otorgado por el Padre nos enseña que nuestro servicio de liderazgo en el reino de Dios debe ser consiente al hecho de que tenemos un espacio de tiempo limitado. Con esto en mente vamos a considerar tres elementos que ayudara al líder manejar bien su tiempo.

Comenzamos con la *administración* del tiempo. Cuando hablamos del buen manejo del tiempo tenemos que empezar con su administración. Así como el líder debe respetar y tomar en serio la manera en que se está manejando el dinero, debe respetar y organizar bien su tiempo. El Salmista dijo que, *"Los días de nuestra edad son setenta años; Y si en los más robustos son ochenta años, Con todo, su fortaleza es molestia y trabajo, Porque pronto pasan, y volamos. ¿Quién conoce el poder de tu ira, Y tu indignación según que debes ser temido?* ***Enséñanos de tal modo a contar nuestros días****, Que traigamos al corazón sabiduría"* (Salmos 90:10 al 12).

El autor confirma el hecho de que nuestros días aquí en la tierra son limitados. Por lo cual el levanta una oración hacia el cielo rogando a Dios que nos enseña a "contar" nuestros días. Contar es un término de administración. Con ella debemos entender que necesitamos organizar bien nuestro tiempo de manera que podemos cumplir las metas y tareas que tenemos. La tabla abajo revela las etapas básicas de la vida del ser humano. El líder que es sobrio en cuanto a su propia mortalidad, podrá contar sus días y aprovechar bien su tiempo de la manera que agrada a Dios.

Etapas del Manejo Administrativo de la Vida

Edad	Etapas	Educación	Desarrollo	Progreso
0 al 12	infancia / Niñez	aprendizaje básica	etapa del recibimiento de hábitos y conducta inicial basada en su medio ambiente	el ser humano no tiene control de su estilo de vida
12 al 19	Juventud	aprendizaje mediano	etapa de descubrimiento y desarrollo de hábitos y conductas que recibió en su niñez	el ser humano tiene control parcial de su estilo de vida
20 al 30	joven adulto	aprendizaje concentrada	el desarrollo de su carrera, carácter y la crianza de hijos	el ser humano tiene control de su estilo de vida
30 al 50	Adulto	aprendizaje avanzada	etapa de mayor esfuerzo de trabajo. Época de inversiones y ahorro	el ser humano tiene control de su estilo de vida
50 al 65	adulto mayor	aprendizaje concentrada avanzada	etapa del comienzo de la cosecha y desfrute de sus frutos. Preparaciones finales para el retiro	el ser humano tiene control de su estilo de vida
65 al 80	Anciano	perdida inicial de aprendizaje educativo	etapa del retiro de sus labores mayores. Época de transmitir herencia espiritual y material	Perdida inicial de su estilo de vida
80...	anciano mayor	perdida mayor del aprendizaje educativo	tiempo de gracia	Perdida mayor de su estilo de vida

El segundo punto importante concerniente al factor del tiempo es su *productividad*. Deseamos administrar bien nuestro tiempo no solo para ser un ejercicio en matemática, sino porque es el primer paso para hallar productividad. El líder tiene que aprovechar bien la vida que Dios le ha regalado sirviendo en una manera eficiente. Como hemos aprendido durante otros niveles de estudio, el discípulo de Jesucristo rendirá cuentas al Señor por el trabajo que Dios le ha dado. Por lo cual, el líder debe ser productivo en su ministerio y eso comienza con un manejo productivo de su tiempo. El apóstol Pablo confirma este principio a la iglesia de Éfeso, *"Mirad, pues, con diligencia cómo andéis, no como necios sino como sabios, **aprovechando bien el tiempo**, porque los días son malos. Por tanto, no seáis insensatos, sino entendidos de cuál sea la voluntad del Señor"* (Efesios 5:15 al 17).

El último punto en este primer componente del servicio eficiente es la habilidad de *redimir* el tiempo. Cuando redimimos el tiempo estamos tomando ventaja de cada oportunidad que esta frente de nosotros. Con esto no estoy diciendo que el líder debe decir si a cada petición e oferta que se le presenta, pero si debe considerar cada oportunidad con sabiduría, oración y el consejo de otros líderes. En si lo que estoy diciendo es que el líder debe estar pendiente, alerta y sobrio a lo que está sucediendo a su alrededor. Debe de estar al día con los eventos y movimientos de su iglesia, comunidad, nación y aun lo que está pasando en el mundo. El que no está pendiente de su medio ambiente tomara el riesgo de perder oportunidades de promoción, bendición y el avance del reino de Dios en la tierra. En una ocasión Jesús lloro por Israel porque no supieron conocer "el tiempo de su visitación" (Lucas 19:40-44). Los dos discípulos en el camino a Emaús no reconocieron que Jesús era el que andaba con ellos porque estaban confundidos y triste (Lucas 24:13-35). Y el apóstol Juan resume una verdad doliente cuando dijo concerniente a

Jesús y los judíos, "a los suyos vino, y los suyos no le recibieron" (Juan 1:12). Entonces, cada líder debe orar y velad para no perder las cosas que Dios desea depositar en su mano. Pues escrito esta; *"Perseverad en la oración, velando con ella con acción de gracias. . .Andad sabiamente para con los de afuera, **redimiendo el tiempo**"* (Colosenses 4:2,5).

Sirviendo con Amor

A pesar de que Jesús sirvió dentro de un espacio de tiempo limitado, él sirvió con amor. El pasaje central nos enseña que el amor que tenía para sus discípulos era un componente vital de su servicio de liderazgo hacia ellos. El versículo uno dice Jesús amo *"a los suyos, hasta el fin."* La nueva versión internacional traduce este versículo en la siguiente manera, *"como los amaba, les iba a expresar la extensión completa de su amor."* En otras palabras, el amor de Jesús hacia sus discípulos fue la razón por lo cual el lavo sus pies. Podemos tomar de esto el hecho de que cada líder debe poseer un amor genuino, no fingido para las personas que él o ella están sirviendo.

Todo lo que hagamos y todo lo que hablamos debe ser basada en amor. El que sirve sin amor no lograra los resultados necesarios para cumplir los propósitos del reino de Dios. Los versículos abajo sirven para acordarnos que el amor hacia el prójimo es un componente crucial en el ministerio de servicio del líder cristiano:

I Corintios 13 – *"Si yo hablase lenguas humanas y angélicas, y **no tengo amor**, vengo a ser como metal que resuena, o címbalo* *que retiñe. Y si tuviese profecía, y entendiese todos los misterios y toda ciencia, y si tuviese toda la fe, de tal manera que trasladase los montes, **y no tengo amor, nada soy**. Y si repartiese todos mis bienes para dar de comer a los pobres, y si entregase mi cuerpo para ser quemado, **y no tengo amor, de nada me sirve**. El amor es sufrido, es benigno; el amor no tiene envidia, el amor no es jactancioso, no se envanece; no hace nada indebido, no busca lo suyo, no se irrita, no guarda rencor; no se goza de la injusticia, más se goza de la verdad. Todo lo sufre, todo lo cree, todo lo espera, todo lo soporta. El amor nunca deja de ser."*

Efesios 3:17 – *"Para que habite Cristo por la fe en vuestros corazones, a fin de que, **arraigados y cimentados en amor**."*

Efesios 5:1,2 – *"Sed, pues, imitadores de Dios como hijos amados. Y **andad en amor, como también Cristo nos amó**, y se entregó a sí mismo por nosotros, ofrenda y sacrificio a Dios en olor fragante."*

1 Juan 4:7 al 21 – *"Amados, **amémonos unos a otros**; porque el amor es de Dios. Todo aquel que ama, es nacido de Dios, y conoce a Dios. El que no ama, no ha conocido a Dios; porque Dios es amor... Y nosotros hemos conocido y creído el amor que Dios tiene para con nosotros. Dios es amor; y el que permanece en amor, permanece en Dios, y Dios en él."*

Sirviendo sin favoritismo

Si leemos el pasaje central con cuidado notaremos que Jesús lavo los pies de Judas sabiendo que él le iba a traicionar; pues escrito esta, *"cuando cenaban, como el diablo ya había puesto en el corazón de Judas Iscariote, hijo de Simón, que le entregase, sabiendo Jesús que el Padre le había dado todas las cosas en las manos, y que había salido de Dios, y a Dios iba, se levantó de la cena."* ¿Y qué hizo cuando se levantó de la cena? Lavo los pies de todos los discípulos, incluyendo los pies de Judas. De esto veo dos principios de aprendizaje más solo voy a expandir en una de ellas. En primer lugar, podemos ver en este pasaje que Dios nos ha llamado a amar aun a nuestros enemigos, pues si Cristo lavo sus pies de Judas fue porque lo amaba aun sabiendo que le iba a traicionar (un principio que Jesús enseño en Mateo 5:44 y se puede agregar al último punto que revisamos). En segundo lugar, veo que cuando Jesús lavo los pies de *todos* sus discípulos estaba mostrando que les amaba todos de igual manera. Poniéndolo en otra forma, podemos afirmar que Jesús sirvió a ellos sin hacer acepción de personas. Unas de las cosas que debemos evitar como líderes espirituales en el reino de Dios es el favoritismo. Cuando el líder tiene favoritos entonces los que no hallan el favor sentirán traicionados y heridos. Algunos maestros atribuyen el celo y la ira que los hermanos de José tenían hacia el al hecho de que Jacob su padre trataba a su hermano menor (José) con favoritismo. Entonces podemos afirmar que el favoritismo dentro del liderazgo cristiano es un mal que debemos evitar a todo costo. No debemos hacer acepción de personas en nuestro liderazgo de servicio. Los pasajes bíblicos abajo revelan tres categorías de favoritismo que debemos de evitar:

Hechos 10:34,35 – *"Entonces Pedro, abriendo la boca, dijo: En verdad comprendo que **Dios no hace acepción de personas,** sino que en toda nación se agrada del que le teme y hace justicia."*

Este primer pasaje nos enseña que no debe de existir favoritismo entre nacionalidades. No importa donde nació los que estamos sirviendo. Lo que vale es que ellos son nuestros hermanos y tienen la misma sangre (espiritualmente hablando) que nosotros que es la sangre de Cristo. El líder necesita entender que para Dios solo hay una raza y es la raza humana, creada a su imagen.

<u>Efesios 6:9</u> – *"Y vosotros, amos, haced con ellos lo mismo, dejando las amenazas, sabiendo que el Señor de ellos y vuestro está en los cielos, y que **para él no hay acepción de personas.**"*

En este segundo pasaje, el apóstol Pablo exhorta a los amos, que tienen un estado económico mayor que sus siervos (o empleados) a tratarlos con respeto y dignidad porque los dos tienen el mismo valor delante de los ojos de Dios. Por lo cual, el pasaje revela la necesidad de evitar el favoritismo socioeconómico dentro del liderazgo del discípulo.

<u>Colosenses 3:25</u> – *"Más el que hace injusticia, recibirá la injusticia que hiciere, **porque no hay acepción de personas.**"*

La última categoría de favoritismo que el líder debe evitar es en el área de la política. Con esto me refiero a la manea que él o ella aplican justicia con los que están sirviendo. Aplicar justicia usando favoritismo es una injusticia para aquel que no hallo su favor. Por lo cual el líder debe ser justo en su liderazgo con todos.

Ministrando Bajo Autoridad

"Jesús el Hijo de Dios"

"Entrando Jesús en Capernaum, vino a él un centurión, rogándole, y diciendo: Señor, mi criado está postrado en casa, paralítico, gravemente atormentado. Y Jesús le dijo; Yo iré y le sanaré. Respondió el centurión y dijo: Señor, no soy digno de que entres bajo mi techo; solamente dí la palabra, y mi criado sanará. Porque también yo soy hombre bajo autoridad, y tengo bajo mis órdenes soldados; y digo a éste: Ve, y va; y al otro: Ven, y viene; y a mi siervo: Haz esto, y lo hace. Al oírlo Jesús, se maravilló, y dijo a los que le seguían: De cierto os digo, que ni aun en Israel he hallado tanta fe."

Mateo 8:5-10

Cuando estudiamos la vida y ministerio de Jesucristo nos damos cuenta que el ministraba con autoridad. Los evangelios están llenos de ejemplos de Jesús tomando autoridad sobre líderes religiosos, demonios y aun sobre las leyes naturales. Para ser un líder en el reino de Dios el discípulo necesita aprender a ministrar, en una manera saludable, bajo la autoridad de Dios. Autoridad es el poder, potestad, privilegio o derecho que ha sido dado (delegado) a alguien para determinar verdades, para resolver asuntos difíciles y para reforzar la ley. En esta lección vamos a estudiar algunos puntos sobre la autoridad de Dios en la vida del líder y así aprender como ministrar bajo autoridad.

¿Cómo ministrar con autoridad?

El enviado

Cuando hablamos de ejercer un liderazgo bajo autoridad estamos diciendo que la persona ha sido enviada a ese lugar y ministerio con el permiso, autorización y bendición de su supervisor. Esto es un principio clave en la biblia pues podemos ver que el Padre envió a su hijo Jesús a la tierra y el ejerció autoridad. Jesús envió a sus discípulos a ministrar y ellos ejercieron autoridad en sus ministerios. Y la iglesia de Antioquia envió a Pablo y a Bernabé para la misión de predicar y establecer iglesias y ellos lo hicieron con autoridad. La habilidad de ministrar bajo autoridad existe no en cuantas lenguas habla el líder; o en la elocuencia de sus palabras; y mucho menos en su habilidad de ejercer dones espirituales. La clave para determinar si un líder tiene autoridad divina es en saber quién le ha enviado para ejercer el ministerio que él o ella está ejecutando. Algunos líderes equivocadamente declaran que Dios le ha enviado y eso es suficiente. El Nuevo Testamento establece claro que todo aquel que desea ejercer autoridad ministerial tiene que ser enviado:

Juan 3:16,17 – *"Porque de tal manera amó Dios al mundo, que ha dado a su hijo unigénito, para que todo aquel que en él cree, no se pierda, más tenga vida eterna. Porque no envió Dios a su hijo al mundo para condenar al mundo, sino para que el mundo sea salvo por él."*

Aquí quiero enfatizar que el Padre "envió" a su hijo al mundo. Esto indica claro que Jesús fue enviado, por lo cual, su autoridad es obvia y es de ejemplo digno de seguir.

Marcos 16:15,16 – *"Y les dijo: Id por todo el mundo y predicar el evangelio a toda criatura. El que creyere y fuere bautizado, será salvo; más el que no creyere, será condenado."*

Como mencione arriba, Jesús envió a sus discípulos a ministrar antes de ascender al cielo. Ellos recibieron la encomienda de continuar lo que Cristo había comenzado en su ministerio. La palabra "id" en este pasaje es un verbo que significa continuar una jornada. Por lo cual, la cadena de autoridad es transferida del Padre al hijo y de Jesús a sus discípulos.

Hechos 13:1 al 3 – *"Había entonces en la iglesia que estaba en Antioquía, profetas y maestros: Bernabé, Simón el que se llamaba Niger, Lucio de Cirene, Manaén el que se había criado junto con Herodes el tetrarca, y Saulo. Ministrando éstos al Señor, y ayunando, dijo el Espíritu Santo: Apartadme a Bernabé y a Saulo para la obra a que los he llamado. Entonces, habiendo ayunado y orado, les impusieron las manos y los despidieron."*

Este último pasaje revela que la autoridad divina ahora está disponible a todos los seguidores de Jesús, incluyendo a ti y a mí. En este caso, Saulo (Pablo) y Bernabé estaban disfrutando del ministerio de la iglesia en Antioquia cuando uno de los líderes profetizo "Apartadme a Bernabé y a Saulo para la obra a que los he llamado." Como resultado, los líderes de esa iglesia los envió para ministrar en lugares que nunca habían escuchado el evangelio de Jesucristo. Con esto aprendemos que Pablo y Bernabé fueron ministros enviados por lo cual la cadena de autoridad divina continua y la ley del enviado fue respetada por estos grandes hombres de Dios. Vale la pena mencionar que, aunque uno de los líderes profetizo que Dios quería enviar a estos hombres al campo misionero, todos los líderes de la iglesia oraron y ayunaron antes de enviarlos al ministerio. Me parece que cada profecía tiene que ser confirmada por los líderes espirituales antes de responder a ellas. Con razón escribió el apóstol Juan; "Amados, no creáis a todo espíritu, sino probad los espíritus si son de Dios; porque muchos falsos profetas han salido por el mundo" (I Juan 4:1). Como dije antes, no es correcto pensar que Dios es el único factor necesario para enviar a un ministro al ministerio. Dios ha establecido en el Nuevo Testamento que cuando el prepara y llama a alguien para el santo ministerio, lo confirma usando otros líderes espirituales que están bajo su supervisión.

Sometido a autoridad

El próximo punto esencial para ser un líder bajo autoridad es el sometimiento. Después que el líder fiel es enviado a ejercer un ministerio, necesita mantenerse conectado y sometido a su cubertura espiritual. El hecho de que alguien ha sido enviado no significa que deja de estar bajo supervisión. La verdad del caso es que el enviado necesita más que nunca estar conectado y sometido a sus supervisores porque el ministerio contiene presiones, tentaciones y conflictos que requieren la ayuda de líderes con mayor experiencia. Por lo cual, en cuanto le sea posible, el líder espiritual siempre debe estar conectado y sometido a las personas que lo envió al ministerio.

En el versículo nueve del pasaje central el autor menciona la importancia del sometimiento dentro del contexto de la autoridad. En ella vemos que el centurión confiesa entender el principio de estar bajo autoridad porque él estaba bajo autoridad y tenía soldadas bajo su supervisión. Él explica que sus soldados han sido entrenados a obedecer sus órdenes y basada en ese principio pide por la sanidad de su criado. Esta declaración del centurión indica que tenía fe de que Jesús estaba bajo una autoridad divina y como tal ejercía autoridad sobre todo lo que Dios había creado. Su fe en Jesús y este principio de autoridad le motivo a entender que él era un pecador y no era digno de recibir al Hijo de Dios en su casa. Por lo cual, Jesús tenía el poder para simplemente declarar que su criado sería sanado y tal palabra tendría que cumplirse. Al oír las palabras de este centurión Jesús afirma su fe y declara que "ni aun en Israel" había tanta fe.

En otra ocasión Jesús repitió este punto cuando dijo; "No puede el Hijo hacer nada por sí mismo, sino lo que ve hacer al Padre; porque todo lo que el Padre hace, también lo hace el Hijo igualmente" (Juan 5:19). Si anotamos el lenguaje en este pasaje podremos ver que Jesús estaba tan sometido y conectado con el Padre que no hacía "nada por sí mismo." Todo lo que ministraba, lo hacía en conjunto con el Padre. Con esto aprendemos que para ejercer autoridad el líder tiene que estar sometido a autoridad pues la autoridad es un principio reservado para los que trabajan en equipo y no para llaneros solitarios. El discípulo tiene la responsabilidad y el reto de obedecer aun cuando tiene una diferencia en opinión con su líder y su petición no ha sido contestada como lo espera. En esos momentos de presión el discípulo tendrá la oportunidad de mostrar que su fidelidad a Dios y su iglesia son más importante que sus ideas personales. Jesús mostro tales cosas en el jardín de Getsemaní cuando en oración dijo; "Abba, Padre, todas las cosas son posibles para ti; aparta de mí esta copa; mas no lo que yo quiero, sino lo que tú" (Marcos 14:36).

En fin, podemos declarar que la biblia enseña que el discípulo que anhela ser líder un día necesita aprender a obedecer primero las instrucciones de sus líderes espirituales para entender la importancia del principio de la autoridad. El discípulo que se somete a las autoridades que están sobre el hoy, será un líder digno de seguir mañana.

Autoridad recibida

Regresando al pasaje central debemos anotar que el centurión confeso que él era "un hombre bajo autoridad" con soldados bajo su autoridad. Al decir que él estaba "bajo autoridad" revela que alguien estaba sobre él y la autoridad que tenía lo había *recibido* de otro. Esta declaración nos enseña el tercer principio de la autoridad divina; la autoridad de Dios solo puede ser recibida y no tomada. Jesús confirmo este principio antes de ascender al cielo cuando dijo; "Toda potestad *me es dada* en el cielo y en la tierra. Por tanto, id, y haced discípulos a todas las naciones" (Mateo 28:18-19a). Quiero que anotes que la potestad que Jesús tenía fue *recibida* ("me es dada"). Jesús no exigió autoridad de su Padre sino *recibió* autoridad de su Padre. Así que, la autoridad divina no puede ser tomada por fuerza solo puede ser transferida de aquel que la tiene.

Juan el bautista aplico perfectamente esta verdad bíblica. En el principio del ministerio de Jesús los discípulos de Juan estaban molestos porque todo el pueblo estaba congregándose con Cristo. Cuando ellos trajeron su queja a Juan él respondió y dijo; "No puede el hombre recibir nada, si no le fuere dado del cielo. Vosotros mismos me sois testigos de que dije: Yo no soy el Cristo, sino que soy enviado delante de él" (Juan 3:27,28). Juan confirma que la autoridad solo puede ser recibida y que el ser humano no puede recibir "nada si no le fue dado del cielo." Es interesante anotar que

Juan no estaba preocupado por el hecho de que su ministerio estaba menguando porque el pueblo comenzó a seguir a Jesús más que a él. Él pudo experimentar paz porque Juan había entendido desde el principio que el ministerio que tenía había sido recibido de Dios y Dios era el único que lo puede quitar. Otro punto que me llama la atención es que, conforme a la declaración de Juan, nadie puede recibir nada si no acido autorizado por el reino de los cielos. Esto no significa que todos los que están en liderazgo han sido puestos allí por Dios. Lo que significa es que cualquier persona que toma algo que no ha sido ordenado para él o ella, tendrán que rendir cuentas a Dios por sus acciones y tendrán que auto soportar sus esfuerzos sin contar con la ayuda divina. Con esto podemos afirmar que todo aquel que está funcionando en un ministerio, trabajo u oficio sin la autorización de Dios, está operando fuera de orden, sin autoridad y está abierta a recibir ataques y azotes del enemigo. Por lo cual, cada discípulo que desea ser un líder debe ser fiel en servir a sus supervisores y esperar para recibir la promoción que proviene de Dios, a su tiempo.

Autoridad para reforzar la ley

El último punto en esta lección tiene que ver con el reto que el líder tiene de administrar correctamente la autoridad que Dios le ha dado. Desafortunadamente existen líderes que mal usan (o abusa) la autoridad que le ha sido otorgada. Cada persona que ha recibido autoridad tiene la responsabilidad de usarlo con temor y reverencia. El apóstol Pedro tenía esto en mente cuando exhorto a los ancianos de la iglesia diciendo; "Apacentad la grey de Dios que está entre vosotros, cuidando de ella, no por fuerza, sino voluntariamente; no por ganancia deshonesta, sino con ánimo pronto; no como teniendo señorío sobre los que están a vuestro cuidado, sino siendo ejemplos de la grey" (1 Pedro 5:2,3). Con este pasaje Pedro, inspirado por el Espíritu Santo, nos enseña que el líder espiritual no debe gobernar en una manera que está obligando, controlando o manipulando a la gente. Nuestro servicio de liderazgo debe ser ejercido de tal forma que nuestro ejemplo es el factor principal que motiva al pueblo a seguir las pisadas del Señor Jesús. Los que gobiernan con mano fuerte o con un espíritu de dictador producirá tristeza y rebeldía en la iglesia pues escrito esta; "Cuando los justos dominan, el pueblo se alegra; Mas cuando domina el impío, el pueblo gime" (Proverbios 29:2). Por lo cual, no podemos terminar esta lección sin entender claramente que la autoridad divina se usa para *reforzar* la ley de Dios y no para satisfacer los deseos personales del líder.

Con esto estamos declarando que la autoridad y la ley van mano a mano. Cuando ejercimos autoridad estamos limitados en hacerlo bajo las guianzas y reglamentos de la ley que gobierna aquella misión, sistema o ministerio. Si violamos la ley en el desarrollo de nuestra autoridad ministerial entonces no estamos gobernando conforme al reino de los cielos. La única razón justificada que tenemos para violar la ley terrenal es cuando ella nos obliga a violar la ley de Dios. Esto no es una condición común en las partes del mundo donde la democracia reina, pero si hay lugares hoy en día en el mundo donde la ley de la tierra está en violación con la ley de Dios. En estos lugares, los que desean seguir a Jesús lo hacen a amenaza de muerte o a ser metidos en la cárcel. En el caso cuando la ley de la tierra está en conflicto con la ley del reino de Dios, debemos de que tomar la misma posición que tomaron los apóstoles cuando declararon; "es necesario obedecer a Dios antes que a los hombres" (Hechos 5:29).

Como líderes debemos entender claramente que la autoridad que Dios nos ha dado solo puede ser ejercida conforme a su ley. Esta verdad nos obliga a conocer la ley de Dios pues nadie puede gobernar según la ley si no conoce la ley. Por lo cual, cada discípulo que desea ser líder debe procurar conocer la palabra, la ley, los estatus, los preceptos y los mandamientos de aquel que lo llamo. El que no conoce la ley de Dios, no puede ministrar bajo autoridad. Es por eso que el apóstol Pablo le exhorta a su hijo espiritual Timoteo a procurar; "con diligencia presentarte a Dios aprobado, como obrero que no tiene de que avergonzarse, que usa bien la palabra de verdad." Pues, "Toda la escritura es inspirada por Dios, y útil para enseñar, para redargüir, para corregir, para instruir en justicia, a fin de que el hombre de Dios sea perfecto, enteramente preparado para toda buena obra" (2 Timoteo 2:15, 3:16,17). El discípulo-líder nunca debe olvidar la importancia de la biblia en su ministerio de servicio de liderazgo. Cuando ministramos correctamente los principios de la palabra de Dios, seremos líderes justos y pacientes llenos de amor y autoridad. Sobre todo, el nombre de nuestro Señor será glorificado pues el pueblo de Dios será transformado a la imagen y semejanza del hijo de Dios.

Ministrando con Unción

••

"Jesús el Ungido"

Vino a Nazaret, donde se había criado; y en el día de reposo entró en la sinagoga, conforme a su costumbre, y se levantó a leer. Y se le dio el libro del profeta Isaías; y habiendo abierto el libro, halló el lugar donde estaba escrito: El Espíritu del Señor está sobre mí, Por cuanto me ha ungido para dar buenas nuevas a los pobres; Me ha enviado a sanar a los quebrantados de corazón; A pregonar libertad a los cautivos, Y vista a los ciegos; A poner en libertad a los oprimidos; A predicar el año agradable del Señor. Y enrollando el libro, lo dio al ministro, y se sentó; y los ojos de todos en la sinagoga estaban fijos en él. Y comenzó a decirles: Hoy se ha cumplido esta Escritura delante de vosotros.

Lucas 4:16-21
••

Cuando estudiamos el estilo de liderazgo de Jesús, tenemos que analizar la conexión que había entre Jesús y la presencia del Espíritu Santo. La biblia enseña que Jesús fue ungido con el Espíritu Santo y como resultado fue capacitado para ministrar con poder. El Doctor Lucas registra esta verdad en el libro de los Hechos; "Vosotros sabéis lo que se divulgó por toda Judea, comenzando desde Galilea, después del bautismo que predicó Juan: cómo Dios *ungió con el Espíritu Santo* y con poder a Jesús de Nazaret, y cómo éste anduvo haciendo bienes y sanando a todos los oprimidos por el diablo, porque Dios estaba con él" (Hechos 10:37,38). Mateo en su evangelio confirma que Jesús fue ungido con el Espíritu Santo cuando relata los detalles de su bautismo; "Y Jesús, después que fue bautizado, subió luego del agua; y he aquí cielos le fueron abiertos, y vio al Espíritu de Dios que descendía como paloma, y venía sobre él. Y hubo una voz de los cielos, que decía: Este es mi Hijo amado, en quien tengo complacencia" (Mateo 3:16,17). Con estos pasajes bíblicos podemos declarar una gran verdad; Si Jesús necesitaba ser ungido con el Espíritu Santo para ministrar a los suyos, nosotros también necesitamos ser ungido para ministrar a los nuestros.

Jesús creía tanto en la necesidad de ser lleno del Espíritu Santo que ordeno a sus discípulos a buscad esta llenura antes de ser lanzados al ministerio; "He aquí, yo enviaré la promesa de mi Padre sobre vosotros; pero *quedaos* vosotros en la ciudad de Jerusalén, *hasta* que seáis investidos de poder desde lo alto" (Lucas 24:49). Anote el mandato de Jesús en este versículo. Los discípulos tenían la responsabilidad de quedar en la ciudad "hasta" que recibiesen la promesa del Padre. Esta promesa del Padre era el derramamiento del Espíritu Santo de tal manera que iban a ser "investidos de poder de lo alto." Investidos significa ser saturado o arropados. El mensaje de Jesús fue claro, ¡no quiero que salgan a ministrar hasta que el Espíritu Santo les bañe con su poder!

Cada líder debe tomar este mandato personal. No estoy diciendo que el discípulo no puede hacer nada en la iglesia hasta que sea lleno del Espíritu, pero si estoy dando énfasis en que cada creyente, especialmente los que tienen un llamado al liderazgo, debe obedecer este mandato de Jesús y tomar el tiempo de *buscad* la llenura del Espíritu Santo. Para confirmar esta gran necesidad en el liderazgo de la iglesia, vamos a considerar uno de los pasajes bíblicos más populares en cuanto al bautismo del Espíritu Santo; "Y estando juntos, les mandó que no se fueran de Jerusalén, sino que *esperasen* la promesa del Padre, la cual, les dijo, oísteis de mí. Porque Juan ciertamente bautizó con agua, más vosotros seréis bautizados con el Espíritu Santo dentro de no muchos días. Entonces los que se habían reunido le preguntaron, diciendo: Señor, ¿restaurarás el reino a Israel en este tiempo? Y les dijo: No os toca a vosotros saber los tiempos o las sazones, que el Padre puso en su sola potestad; pero recibiréis poder, cuando haya venido sobre vosotros el Espíritu Santo, y me seréis testigos en Jerusalén, en toda Judea, en Samaria, y hasta lo último de la tierra" (Hechos 1:4-8). Conforme a las escrituras, los discípulos obedecieron el mandato de Jesús y todos fueron llenados del Espíritu Santo antes de comenzar sus ministerios apostólicos (Hechos 2:4). Sus vidas fueron transformadas como resultado del poder del Espíritu Santo y sus ministerios fueron un reflejo maravilloso de su maestro Jesucristo. La biblia nos enseña claramente que Jesús y sus discípulos fueron ungidos con el Espíritu Santo para ministrar al pueblo con poder, autoridad y productividad. Si ellos tenían la necesidad de ser saturado con el Espíritu, nosotros también necesitamos reconocer nuestra necesidad de ser lleno con el poder de lo alto. Jesús fue ungido, los discípulos fueron ungidos y el discípulo-líder de este siglo necesita ser ungido de igual manera. ¡De esta verdad, no se escapa nadie!

La función de la unción

Capacidad para comunicar

Ya que hemos considerado la necesidad urgente que cada líder tiene para ministrar conforme a la unción del Espíritu Santo, nos conviene estudiar como el Espíritu de Dios nos *capacita* para ministrar a los que él hay puesto bajo nuestro cuidado. Unos de los retos del liderazgo es la comunicación. El líder tiene la necesidad de comunicarse en una manera clara para que su equipo y sus seguidores entiendan bien la misión de la organización. Cuando el líder es ungido, el Espíritu Santo lo capacitara para comunicar los principios de Dios en una manera efectiva. En nuestro pasaje central Jesús declara que el Espíritu de Dios estaba sobre él para "dar buenas nuevas" y para "predicar el año agradable del Señor" (Versículos 18b y 19). Estas frases dan referencias a la comunicación. De ellas podemos entender que cuando el Espíritu de Dios está en una persona y sobre una persona lo capacitara para comunicar las verdades del evangelio del reino con poder, claridad y esmero. Toma un momento para considerar los pasajes bíblicos (con sus comentarios) abajo que se refriere a lo que estamos hablando:

<u>1 Corintios 2:12, 13</u> – *"Y nosotros no hemos recibido el espíritu del mundo, sino el Espíritu que proviene de Dios, para que sepamos lo que Dios nos ha concedido, lo cual también hablamos, no con palabras enseñadas por sabiduría humana, sino con las que enseña el Espíritu, acomodando lo espiritual a lo espiritual."*

Hay una gran diferencia entre los que hablan con unción y los que hablan solo con sus habilidades naturales. Los que comunican usando solo sus dones naturales estarán limitados a sabiduría humana, más los que comunican bajo la unción del

Espíritu Santo hablaran conforme a la sabiduría inmensa e eterna de Dios.

Juan 14:26 – *"Mas el Consolador, el Espíritu Santo, a quien el Padre enviará en mi nombre, él os enseñará todas las cosas, y os recordará todo lo que yo os he dicho."*

Lucas 12:11, 12 – *"Cuando os trajeren a las sinagogas, y ante los magistrados y las autoridades, no os preocupéis por cómo o qué habréis de responder, o qué habréis de decir; porque el Espíritu Santo os enseñará en la misma hora lo que debáis decir."*

Los últimos dos pasajes enseñan una gran verdad. El Espíritu de Dios opera en nosotros para enseñarnos cosas, recordarnos cosas y para ayudarnos en tiempos de necesidad. El líder que ha sido ungido con el Espíritu Santo tiene siempre a su disposición la mente de Dios, la dirección de Dios y el consejo de Dios.

Como la comunicación es un ingrediente esencial en la vida del líder, les prepare una tabla sobre las claves de la comunicación básica. Con ella el líder podrá entender algunos de los elementos necesarios para la comunicación productiva.

Tabla de Comunicación

Comunicación – la imagen arriba muestra un cuadro sencillo de la comunicación. Ella se puede definir como el intercambio de ideas por una manera oral, escrito o por una señal. Para lograr una comunicación básica se necesita lo siguiente:

- *Un Transmisor* – Un instrumento que envía la señal (mensaje, idea etc.)

- *Una señal* – Una moción, sonido o objeto que tiene un significado especifico o una información exacta.

- *Un receptor* – Un instrumento que recibe la señal, lo graba y lo convierte en algo entendible.

Para concluir este primer punto les comunico que el discípulo-líder, cuando se está comunicando, se debe ponerse en el lugar de un *transmisor*. Él o ella es el instrumento de Dios para transmitir el mensaje de Dios al pueblo de Dios. El mensaje de Dios es la *señal* que va en rumbo a los oyentes.

Los oyentes son como el *receptor* que reciben el mensaje y lo convierte en algo entendible para su propia comprensión. Es por eso que el líder tiene una responsabilidad grande en transmitir la señal de la palabra de Dios con precisión, claridad y convicción. No hay nada más efectivo que capacitara al líder para hacer esto como la unción del Espíritu Santo de Dios.

Capacidad para ser prodigios

El segundo principio que podemos extraer del pasaje central es que cuando el líder es ungido con el Espíritu Santo recibe una capacidad sobrenatural de hacer prodigios. El ser humano, incluyendo cristianos, experimenta tantas maldades en este mundo caído que los líderes espirituales necesitan un poder sobrenatural para ministrar a las personas que han sufrido diferentes vicisitudes. Hay maldades físicas, espirituales y sicológicas en las personas que hemos sido llamados a servir y el líder que depende solamente en remedios naturales terminara frustrado en su ministerio de liderazgo eclesiástico. Con esto en mente, quiero enfatizar dos detalles mencionadas en el versículo dieciocho que confirma la necesidad de una capacidad milagrosa en la vida del líder espiritual.

Sanar

El versículo dieciocho indica que Jesús fue ungido para "*sanar* a los quebrantados de corazón." Cuando el líder está lleno del Espíritu Santo Dios lo usara para sanar a los enfermos que a él viene. En cierto sentido el líder espiritual tiene un llamado y una responsabilidad de responder con poder cuando alguien enfermo le pide ayuda. Entiendo que no podemos sanar a todos los enfermos que vienen a nosotros, pero si afirmo que el líder debe estar espiritualmente preparado en todo tiempo para ministrar sanidad a ellos. Hay momentos cuando veremos prodigios con nuestros propios ojos y hay otros momentos cuando los enfermos recibirán una sanidad progresiva y nunca seremos testigos de ella. Aún existe la posibilidad de que cuando oramos por alguien enfermo Dios complace en su infinita soberanía y misericordia en llamarlo a su presencia. En tales casos ellos recibieron la bendición mayor; entrada perpetua al reino de los cielos. Cualquiera que sea el caso, la responsabilidad del líder es igual. Somos llamados a ministrar sanidad a los enfermos y esto no es posible sin la unción del Espíritu. Los pasajes bíblicos que sigue confirman el hecho que Dios nos ha dado autoridad para sanar:

Mateo 10:1 – *"Entonces llamando a sus doce discípulos, les dio autoridad sobre los espíritus inmundos, para que los echasen fuera, y para sanar toda enfermedad y toda dolencia."*

Marcos 16:17,18 – *"Y estas señales seguirán a los que creen: En mi nombre echarán fuera demonios; hablarán nuevas lenguas; tomarán en las manos serpientes, y si bebieren cosa mortífera, no les hará daño; sobre los enfermos pondrán sus manos, y sanarán."*

Santiago 5:14,15 – *"¿Está alguno enfermo entre vosotros? Llame a los ancianos de la iglesia, y oren por él, ungiéndole con aceite en el nombre del Señor. Y la oración de fe salvará al enfermo, y el Señor lo levantará; y si hubiere cometido pecados, le serán perdonados."*

Liberar

La segunda capacidad sobrenatural que nos da el Espíritu de Dios es el poder de traer "libertad a los cautivos y oprimidos". La unción del Espíritu Santo nos da poder para predicar; nos da poder para sanar y nos da poder para librar a los que han sido esclavizados. Cuando hablamos de liberación estamos refiriéndonos a las ataduras mentales y espirituales que sufren la gente por las artimañas de Satanás. Tales maquinaciones demoniacas tienen la capacidad de esclavizar sus víctimas donde se encuentran en una posición tan crítica que necesitan ser liberado con el poder del Espíritu Santo. En una ocasión Jesús hablo sobre el poder de la liberación con algunos judíos y sus palabras iluminan la realidad de la esclavitud que existe en algunos seres humanos; "Dijo entonces Jesús a los judíos que habían creído en él: Si vosotros permaneciereis en mi palabra, seréis verdaderamente mis discípulos; y conoceréis la verdad, y la verdad os hará libres. Le respondieron: Linaje de Abraham somos, y jamás hemos sido esclavos de nadie. ¿Cómo dices tú: Seréis libres? Jesús les respondió: De cierto, de cierto os digo, que todo aquel que hace pecado, *esclavo es del pecado*" (Juan 8:31-34). Los judíos no habían entendido el poder esclavizador del pecado y Jesús tuvo que enseñarles que, aunque ellos no habían experimentado una esclavitud física de un enemigo nacional habían experimentado la esclavitud espiritual del pecado. Vale la pena anotar que Jesús comunico esto a algunos judíos que habían "creído en él." Desafortunadamente aun los que creen en Jesús puede caerse esclavo al pecado. Tal cosa es una realidad que debe producir en el creyente precaución, oración y vigilancia.

El apóstol Pablo confirma la realidad de la esclavitud del pecado en sus epístolas escritas a las iglesias del primer siglo. Anote el lenguaje; "¿No sabéis que, si os sometéis a alguien como esclavos para obedecerle, *sois esclavos de aquel a quien obedecéis*, sea del pecado para muerte, o sea de la obediencia para justicia?" (Romanos 6:16).

"Porque el siervo del Señor no debe ser contencioso, sino amable para con todos, apto para enseñar, sufrido; que con mansedumbre corrija a los que se oponen, por si quizá Dios les conceda que se arrepientan para conocer la verdad, y escapen del lazo del diablo, en que están *cautivos a voluntad* de él" (2 Timoteo 2:24 al 26). El apóstol comunica claramente a sus feligreses que el pecado tendrá un efecto esclavizador a los que lo practican. El no expreso esta verdad solo como una doctrina teológica, sino Pablo les hablo por experiencia ya que él era testifico del poder dañino del pecado. El escribió de si mismo lo siguiente; "Y yo sé que, en mí, esto es, en mi carne, no mora el bien; porque el querer el bien está en mí, pero no el hacerlo. Porque no hago el bien que quiero, sino el mal que no quiero, eso hago. Y si hago lo que no quiero, ya no lo hago yo, sino el pecado que mora en mí. Así que, queriendo yo hacer el bien, hallo esta ley: que el mal está en mí. Porque según el hombre interior, me deleito en la ley de Dios; pero veo otra ley en mis miembros, que se rebela contra la ley de mi mente, *y que me lleva cautivo a la ley del pecado* que está en mis miembros" (Romanos 7:18 al 23).

En todo esto podemos afirmar que la unción del Espíritu Santo está disponible para el líder y él lo capacitara a ministrar liberación no solo a otros, sino esa unción lo capacita para andar personalmente bajo la libertad de Dios. Cuando hablamos sobre el principio de la liberación espiritual es necesario mencionar que la iglesia de Jesucristo ha sufrido años de exageraciones en esta área. En mi opinión esto ha desviado sus miembros del verdadero énfasis bíblico de la guerra espiritual que es la batalla mental. Cuando la iglesia ministra en una manera sensacional la represión de demonios en sus cultos el pueblo puede ser llevado por el impacto emocional de ese espectáculo y no hallar ningún grado de entendimiento teológico. Entiendo que habrá circunstancias que requieren una intervención extraordinaria a causa de alguien endemoniado en el servicio. Sin embargo, cuando tales momentos se realizan, debemos proceder con sabiduría y autoridad ya que Dios nos ha dado el poder para reprender a los demonios. Con esto declaro que la iglesia no tiene que provocar un escándalo cada vez que está involucrada en la liberación de alguien. Podemos ejercer autoridad sobre los demonios sin perder el orden en el servicio. Además, el líder no debe ir en busca de los demonios como sucede en algunas iglesias, sino debe ser dirigido por el Espíritu Santo en su ministerio de servicio al pueblo y Dios lo capacitara a resolver cualquier asunto que se presenta en el camino con poder, autoridad y sabiduría. Los pasajes abajo confirmaran la autoridad que tenemos como líderes en traer libertad a los cautivos bajo el poder de la unción del Espíritu Santo:

Marcos 3:14, 15 – *"Y estableció a doce, para que estuviesen con él, y para enviarlos a predicar, y que tuviesen autoridad para sanar enfermedades y para echar fuera demonios."*

Hechos 5:14 al 16 – *"Y los que creían en el Señor aumentaban más, gran número así de hombres como de mujeres; tanto que sacaban los enfermos a las calles, y los ponían en camas y lechos, para que al pasar Pedro, a lo menos su sombra cayese sobre alguno de ellos. Y aun de las ciudades vecinas muchos venían a Jerusalén, trayendo enfermos y atormentados de espíritus inmundos; y todos eran sanados."*

Hechos 16:16 al 18 – *"Aconteció que mientras íbamos a la oración, nos salió al encuentro una muchacha que tenía espíritu de adivinación, la cual daba gran ganancia a sus amos, adivinando. Esta, siguiendo a Pablo y a nosotros, daba voces, diciendo: Estos hombres son siervos del Dios Altísimo, quienes os anuncian el camino de salvación. Y esto lo hacía por muchos días; mas desagradando a Pablo, éste se volvió y dijo al espíritu: Te mando en el nombre de Jesucristo, que salgas de ella. Y salió en aquella misma hora."*

En conclusión, podemos declarar una vez más que este mundo caído está lleno de conflictos, peligros, problemas y demonios. Por lo cual, cada líder espiritual necesita buscar intensamente la llenura del Espíritu Santo pará ministrar bajo la unción de Dios. No importa cuán difícil o poderoso sea la fuerza o circunstancia adversa, la unción del Espíritu Santo es capaz de traer libertad a esa persona o situación pues escrito esta; *"el yugo se pudrirá a causa de la unción"* (Isaías 10:27).

Venciendo Tentaciones

....

"Jesús en el desierto"

Jesús, lleno del Espíritu Santo, volvió del Jordán, y fue llevado por el Espíritu al desierto por cuarenta días, y era tentado por el diablo...
Respondiendo Jesús, le dijo: Dicho está: No tentarás al Señor tu Dios. Y cuando el diablo hubo acabado toda tentación, se apartó de él por un tiempo.

Lucas 4:1-13
....

En la última lección aprendimos que el líder necesita la unción del Espíritu Santo para combatir con poder en contra del enemigo que ha esclavizado, segado y oprimido a muchos. Vimos que cuando

el líder está lleno de la presencia de Dios los espíritus inmundos tienen que huir. Sin embargo, el hecho de que el líder está saturado con el Espíritu de Dios no significa que nunca va a ser tentado. Cada ser humano, incluyendo a los creyentes y especialmente a los líderes, serán tentados por el maligno. Por lo cual, necesitamos estar familiarizados con las estrategias del enemigo para vencer en el día malo. En esta lección vamos a analizar la tentación que Jesús venció en el desierto y así extraer los principios que nos ayudara a vencer nuestras tentaciones en el día malo.

Antes de analizar el pasaje bíblico sobre la tentación de Jesús, quiero considerar tres áreas básicas de cada tentación como punto de introducción. Para esto debemos escuchar el consejo del apóstol

Juan que categoriza las tentaciones en estas tres áreas; "los deseos de la carne, los deseos de los ojos, y la vanagloria de la vida" (1 Juan 2:16). Cuando el enemigo viene a nosotros para tentarnos, el usara unas de estas categorías para atraparnos. Los "deseos de la carne" son aquellas inclinaciones pecaminosas en el ser humano que recibimos como resultado de la caída del hombre. Cada ser humano nace con una naturaleza que automáticamente va en contra de la ley, los propósitos y voluntad de aquel que nos creó. Cuando el enemigo nos tienta en esta área, apela a aquellas cosas específicas que satisface nuestra naturaleza humana pecaminosa. Los "deseos de los ojos" es el pecado de la codicia y el materialismo.[2] Cuando alguien desea, en una manera ironía, lo que tiene otra persona, ha caído en esta categoría de tentación. Este deseo nace cuando la persona presta mucha atención a lo que tiene su vecino y busca la manera de obtener lo que tiene su prójimo. El ultimo categoría mencionado por Juan es la "vanagloria de la vida". Puedo resumir esta tentación con una palabra, el *orgullo*. Cuando una persona cae en la tentación de la vanagloria comienza a confiar en sus propias fuerzas, habilidades y recursos. Cuando caemos en este error estamos rechazando las leyes y principios divinos y asumimos la posición de auto sustentador. De los tres mencionados aquí, esta es la más peligrosa y muchos teólogos afirman que el orgullo fue lo que nació en Lucifer cuando funcionaba como uno de los ángeles

---

[2] Véase a la referencia en la biblia de estudio Nelson en 1 Juan 2

de Dios. Su jactancia resulto en su propia maldición y fue echado fuera de la presencia de Dios para toda la eternidad. Tal cosa fragmento su existencia para siempre y su nombre fue cambiado del *cargador de luz* a Satanás que significa el adversario.[3] Por esta razón identifico esta última categoría de tentaciones como el más peligroso, sin embargo debemos reconocer que cada tentación es peligrosa y puede matar, robar y destruir todo lo que tenemos y lo que somos. Ya que tenemos un conocimiento básico de las tres categorías de tentaciones, vamos a estudiar las tentaciones que Jesús venció en el desierto y así aprender como vencer.

La tentación de Jesús

El líder debe sentir consolado al entender que Jesús paso por momentos en su vida donde fue tentado. En su humanidad Cristo sintió lo que nosotros sentimos cuando somos visitados por el mal. Vemos esta lucha en nuestro maestro en el jardín del Getsemaní cuando la presión fue tan fuerte que su sudor parecía gotas de sangre y con dolor en su alma apelo al padre diciendo "pasa de mi esta copa" (Mateo 29:39). El hecho de que Jesús pasó por estas experiencias nos motiva a aprender la mentalidad y estrategia que el demostró en sus triunfos. Algunos maestros y teólogos afirman que las tres tentaciones que Jesús resistió en el desierto caen en las mismas tres categorías que mencionamos arriba. En este caso, decidí identificar esas tres categorías basada en las tentaciones específicas que sufren los seres humanos en vez de usar los

---

[3] James Strong, *Strongs Exhaustive Concordance* (Peabody: Hendrickson Publishers, 1990).

mismos términos que uso el Apóstol Juan. Cuando escudriñamos estas tres tentaciones en esta manera, seremos iluminados y hallaremos los principios fundamentales para vencer las tentaciones del diablo.

La auto provisión

Nuestro pasaje central anuncia que en la primera tentación Satanás se aprovechó que Jesús estaba con hambre y lo tentó a convertir una piedra en pan; *"entonces el diablo le dijo: Si eres Hijo de Dios, di a esta piedra que se convierta en pan. Jesús, respondiéndole, dijo: Escrito está: No sólo de pan vivirá el hombre, sino de toda palabra de Dios"* (versículo 3,4). Con esta sugerencia el diablo lo estaba tentando a procurar una provisión independiente de la intervención y voluntad de su Padre. Podemos llamar esta tentación de la auto provisión un *espíritu de independencia*. Es decir, una actitud que depende más en nuestras habilidades propias que en las de Dios. Somos tentados en esta manera cuando ya no queremos esperar en Dios; cuando la necesidad es tan fuerte y crítica que nos desesperamos y cualquier salida nos atrae; cuando estamos físicamente y espiritualmente cansados y nuestra resistencia ha bajado. Si estas síntomas o circunstancias se presenten, debemos de estar pendiente y vigilar porque el tentador estará a las puertas. Con esto en mente vamos a revisar algunos ejemplos bíblicos de la independencia espiritual para poder entender la seriedad y la gravedad de esta tentación.

El primer ejemplo es la de Caín. Caín era el hijo primogénito de Adán y Eva. Caín fue tentado con un espíritu de independencia (entre otros) cuando no quiso ofrecer a Dios la ofrenda correcta. A la misma vez, la ofrenda de Abel su hermano fue agradable a Dios y esto enfureció a Caín. Dios, viendo la condición de Caín, intervino diciendo; "¿Por qué te has ensañado, y por qué ha decaído tu semblante? Si bien hicieres, ¿no serás enaltecido? y si no hicieres bien, el pecado está a la puerta; con todo esto, a ti será su deseo, y tú te enseñorearás de él" (Génesis 4:6,7). Cuando Caín quiso ofrecer su ofrenda a su manera estaba rechazando el plan de Dios comportándose independiente de la voluntad y los propósitos de Dios. El pasaje no indica específicamente porque su ofrenda fue rechazada por Dios, pero si nos enseña que Dios le dio la oportunidad de corregir su error cuando dijo "Si bien hicieres, ¿no serás enaltecido?" Desafortunadamente, el celo que Caín tenia por su hermano le hizo ignorar o rechazar esta oportunidad que Dios le estaba ofreciendo y solo se enfocó en hacerle daño a su hermano Abel. El resultado de todo esto fue el primer homicidio registrado en la biblia. ¿Por qué paso esto? Paso en parte porque Caín actuó independiente de lo que Dios había establecido y no quiso conformarse a Su voluntad. Eso es el espíritu de independencia y este espíritu es peligroso.

Podemos ver un segundo ejemplo del espíritu o actitud de independencia en la historia de la Torre de Babel. En ella vemos el esfuerzo y la unidad de los seres humanos a edificar una torre; *"Vamos, edifiquémonos una ciudad y una torre, cuya cúspide llegue al cielo; y hagámonos un nombre, por si fuéremos esparcidos sobre la faz de toda la tierra"* (Génesis 11:4). El problema con este proyecto era que Dios no había autorizado tal cosa. Si analizamos este pasaje bien podemos ver que tal proyecto nació de una motivación egoísta y no para glorificar el nombre del creador. Su deseo era de crear un nombre para ellos mismos. No había ningún deseo o propósito de engrandecer el nombre de Dios. Por lo cual, no consultaron con Dios y Dios destruyo sus planes. Otra cosa que me llama la atención de esta historia es que ellos trataron de alcanzar al cielo sin Dios. Ellos trataron de establecer su propio camino para llegar al cielo independiente de lo que Dios había establecido o autorizado. Este punto es muy relevante a nuestra sociedad hoy en día. Más que nunca hay variedad de religiones y todas declaran tener un camino para llegar al cielo. Algunas personas educadas en nuestra comunidad aun han declarado que los que creen que solo hay un camino para llegar al cielo son ignorantes y tienen mentes pequeñas. Esta filosofía y movimiento ecuménico que existe hoy que intenta a unir todas las religiones de la ciudad es peligrosa y puede amenazar la doctrina cristiana histórica que declara que hay solo un camino para llegar al cielo. Ese camino no existe en una religión sino en una persona y su nombre es Jesús. Cualifico esta última declaración con lo siguiente. Entendiendo que existen algunas razones comunitarias que requieren la unidad y la fuerza de diversas religiones con el fin de pelear en contra de las injusticias presentes en nuestras ciudades. Sin embargo, debemos de usar mucha precaución y discernir el propósito adecuado de la unidad ecuménica. No todas las causas ameritan la participación de la iglesia de Jesucristo. Si tengo que vender la doctrina de las sagradas escrituras para unirme a una causa social, mejor me quedo solo en mi labor o busco otros que con la unidad de la fe combaten conmigo con el mismo fin. El principio desarrollado en este punto es clave, debemos de resistir la tentación de lograr cumplir la misión de Dios sin vivir sometidos al Dios de la misión. En todo lo que hagamos, hagámoslo bajo la supervisión, autoridad y provisión de nuestro Señor Jesucristo. Él es nuestro Dios. Él es nuestro proveedor.

La auto promoción

En la segunda tentación de Jesús en el deserto el diablo lo llevo, *"a un alto monte, y le mostró en un momento todos los reinos de la tierra. Y le dijo el diablo: A ti te daré toda esta potestad, y la gloria de ellos; porque a mí me ha sido entregada, y a quien quiero la doy. Si tú postrado me adorares, todos serán tuyos"* (versículos 5-7). Con estas palabras Satanás estaba ofreciendo a Jesús una manera más rápida para cumplir su misión. Al caerse en esta tentación, Jesús hubiese violado el plan divino y hubiese recibido una promoción usando recursos ajenos. La diferencia entre la primera tentación y esta son los resultados. En la primera, la tentación iba a beneficiar solo una persona; en esta, la promoción que el diablo estaba ofreciendo iba a beneficiar a varias personas. Me parece que esta trampa era sicológica. Es como si Satanás le estaba diciendo, "Yo sé que tu no está interesado en ti mismo, pero, permíteme darte una posición para que puedes ser de bendición a los demás." Con esta tentación, Jesús hubiese recibido la autoridad que el vino a la tierra a recibir con una sola excepción. No hubiese recibido autoridad sobre el diablo. Si hubiese caído en esta tentación hubiese debido todo a Satanás. Por lo cual, Jesús rechazo su oferta y reprendió al diablo diciendo; *"Vete de mí, Satanás, porque escrito está: Al Señor tu Dios adorarás, y a él solo servirás"* (versículos 8). Esta repuesta nos enseña la actitud necesaria para resistir la tentación de la auto promoción. Cuando el creyente vive para adorar al Dios que lo creo, resistirá esta tentación.

Como discípulo de Jesucristo es natural que su corazón este lleno de sueños. Cada persona que camina con Jesús y trabaja para el reino de Dios recibirá oportunidades para servir a Cristo en diferentes niveles de influencia. El peligro existe cuando el discípulo se cansa de esperar en Dios y comienza a procurar *abrir puertas* a su manera sin contar con la dirección del Espíritu Santo. Cuando esto ocurre, el creyente ha caído en la tentación de la auto promoción. La biblia nos da varios ejemplos en cómo podemos resistir este tipo de tentación y el ejemplo de David es uno de mis favoritos (1 Samuel). David era un joven con sueños en su corazón ya que había sido ungido por el profeta Samuel para ser el segundo rey de Israel cuando tenía aproximadamente diecisiete años. Al pasar el tiempo, el rey Saúl vio el favor de Dios sobre David e intento matarle en más de una ocasión. Un día, cuando Saúl fue a buscar a David en En-gadi (tomando con los tres mil hombres), se fue a descansar en una cueva sin saber que David y sus amigos estaban en la misma cueva. Entonces esos hombres les dijeron a David, "He aquí el día de que te dijo Jehová: He aquí que entrego a tu enemigo en tu mano, y harás con él como te pareciere" (1 Samuel 24: 4a). Sus amigos les estaban diciendo, toma esta oportunidad que Dios te ha dado para matar al rey y tomar el lugar que Dios te ha prometido. Estos hombres vieron esta oportunidad como una puerta abierta de parte de Dios. Sin embargo, David no lo vio así. David respondió a sus amigos diciendo; "Jehová me guarde de hacer tal cosa contra mi señor, el ungido de Jehová, que yo extienda mi mano contra él; porque es el ungido de Jehová" (versículo 6). Los amigos de David (quizás sin saber), les estaba tentando a tomar el juicio de Dios en sus manos y auto promoverse, pero David tenía suficiente fe en la promesa de Dios y suficiente respeto por el orden de Dios para caerse en eso. Esta misma historia se repitió otra vez cuando David fue tentado a matar al rey Saúl por una segunda vez mientras Saúl y sus soldados dormían en un lugar que se llamaba "Zif" en el "collado de Haquila" (1 Samuel 26). En esta ocasión, David tomo la misma postura que había tomado en la cueva y resistió la tentación de ser promovido por sus propias fuerzas.

El ejemplo de David nos debe motivar a resistir la tentación de ser auto promovidos. Cuando Dios nos da una promesa él es capaz de ponerla por obra sin nuestra ayuda. Esto no significa que vamos a mantenernos con los brazos cruzados mientras estamos esperando la manifestación de la promesa. Debemos estar siempre ocupados en la viña del Señor al nivel y según las responsabilidades que tenemos presentes mientras estamos esperando la promoción de Dios. No tenemos que manipular o forzar a nadie para ser promovidos. ¡Las puertas que se abren a la fuerza terminan dañado y sin el uso correcto! Es por eso que David espero en Dios para ocupar el lugar que le fue profetizado. Al final de esa historia bíblica, el rey Saúl murió y David tomo el reinado que Dios le había prometido en una manera justa. Esto es exactamente lo que Jesús izo cuando fue a la cruz para morir por nuestros pecados. El llevo en si la maldad de todo el mundo y resucito al tercer día triunfando sobre la muerte y el diablo. Por lo cual, el recibió un nombre sobre todo nombre y le fue dado toda autoridad en el cielo en la tierra y debajo de la tierra. Jesús rechazo la oferta de Satanás y abrazo el destino de su Padre dejándonos un ejemplo perfecto a seguir. Así que, debemos aprender a esperar en Dios y rechazar toda oferta que nos tienta a violar el plan que Dios ha trazado para nosotros antes de la fundación del mundo pues escrito esta; "No hagáis alarde de vuestro poder; No habléis con cerviz erguida. Porque ni de oriente ni de occidente, Ni del desierto viene el enaltecimiento. Más Dios es el juez; A éste humilla, y a aquél *enaltece*" (Salmos 75:5-7).

Auto presumir

La tercera y última tentación que Jesús resistió según nuestro pasaje central es auto presumir. La palabra presumir significa: presuponer, gloriarse, asumir la responsabilidad sin permiso, es proceder en una manera equivocado y demasiado atrevido. En esta ocasión final, el diablo llevo a Jesús a Jerusalén *"y le puso sobre el pináculo del templo, y le dijo: Si eres Hijo de Dios, échate de aquí abajo; porque escrito está: A sus ángeles mandará acerca de ti, que te guarden; y, En las manos te sostendrán, Para que no tropieces con tu pie en piedra (versículos 9-11)*. Anote como Satanás cambio su técnica de tentar. Viendo que Jesús había citado la biblia en las primeras dos tentaciones, el diablo ahora incorpora la biblia en esta tentación usándola en una manera equivocada. Satanás uso esta cita bíblica fuera de su contexto, interpretándola a su manera para su conveniencia. Con este tipo de tentación el diablo trata de seducir a los creyentes a usar la biblia, la iglesia o la religión cristiana para su conveniencia; pero lo hace, torciendo el verdadero uso o propósito de algo (sea la biblia o la iglesia). Esto debe motivar al discípulo a ser un gran alumno de la biblia por vida pues aquel que usa la biblia en una manera equivocada o incompleta corre el riesgo de caer en este tipo de tentación. Es por eso que el apóstol Pablo exhorta a su hijo en la fe Timoteo sobre lo mismo: *"Procura con diligencia presentarte a Dios aprobado, como obrero que no tiene de qué avergonzarse, que usa bien la palabra de verdad. Más evita profanas y vanas palabrerías, porque conducirán más y más a la impiedad...Ten cuidado de ti mismo y de la doctrina; persiste en ello, pues haciendo esto, te salvarás a ti mismo y a los que te oyeren"* (2 Timoteo 2:15,16 / 1 Timoteo 4:16). Cuando el discípulo cae víctima a una doctrina falsa o una teología basada más en el humanismo que en las sagradas escrituras, entonces será tentado a buscar citas bíblicas que apoyen su punto de vista para defender su posición. Esto es la razón que vemos tantas religiones o sectas falsas en el mundo hoy y muchas de ellas cargan la biblia. Algunas aun han sido entrenadas a buscar ciertas citas bíblicas que parecen refutar algunas de nuestras doctrinas cristianas (como Cristología) para discutirlas con los cristianos con el fin de confundir al débil. Repito que todo esto nos exhorta y nos llama a estudiar bien la biblia con el fin de poder dar una razón adecuada a cualquier persona que busca una respuesta. Jesús no fue víctima a esta última estrategia diabólica; sino respondió a aquella cita torcida por Satanás con el buen uso de la palabra de Dios diciendo; "Dicho está: No tentarás al Señor tu Dios" (versículo 12).

Estas tres tentaciones nos enseñan que debemos prestar mucha atención a las trampas de Satanás ya que él trabaja de día y de noche buscando a quien devorar. Los que miran atentamente a la palabra de Dios para cuidar de hacer todo lo que en él está escrito serán librados de las artimañas del maligno. Concluyo dejándole un bosquejo con diez observaciones de la historia de la tentación de Jesús en el desierto. Este bosquejo está basado en los evangelios sinópticos (Mateo, Marcos Lucas) y con ella recibirá una mayor revelación sobre las tentaciones, sus trampas y como vencerlas siempre.

Un bosquejo de la Tentación de Jesús

A. <u>Jesús fue dirigido por el Espíritu Santo al desierto</u> (v.1)

    1. ¿Por qué? (véase al Mateo 4:1)

a) Para orar y ayunar (comunión/preparación – El comienzo de su ministerio

b) Para ser tentado por el diablo (véase a Job 1 y 1 Corintios 10:13)

c) Para enseñarnos como vencer tentaciones (véase a Hebreos 2:18 y 4:15)

2. Dios no tienta a nadie, pero lo usa para cumplir sus propósitos en nosotros (véase a Santiago 1:13 y Romanos 8:28)

3. El hecho de que eres dirigido por el Espíritu no significa que no vas a ser tentado

4. La unción del Espíritu Santo nos ayuda a vencer tentaciones

B. <u>Jesús fue tentado por Satanás</u> (Lucas 4:1-13/ Mateo 4:1-11 / Marco 1:12, 13)

1. El diablo es el tentador (véase a Mateo 4:3)

2. Las tentaciones son parte del liderazgo (véase a Gálatas 6:1 y Santiago 1:14)

3. Debemos comprender que el diablo es nuestro enemigo (véase a 1 Pedro 5:8, 2 Timoteo 2:26 y Efesios 6:11)

C. <u>Jesús estaba cansado y en el desierto cuando fue tentado</u> (v.2)

1. El diablo aprovecha cuando el líder está cansado para tentarle

2. El diablo sabe aprovechar nuestros momentos de *desierto* para tentarnos

3. El líder tiene que aprender a descansar (tomar un día de reposo), para ser renovado.

   a) Jesús se apartaba para orar y ser renovado (véase a Marcos 6:30-34, 45)

D. Jesús estaba solo cuando fue tentado (Marcos 1:13)

1. El diablo aprovecha el momento de nuestra soledad para tentarnos

2. La soledad es un campo fértil para las tentaciones (Gén. 2:18 y 2 Samuel 11:1-4)

E. El diablo tentó a Jesús en un tiempo de su disciplina espiritual (v.2,3 / Mateo 4:2)

1. Jesús estaba en ayuno y oración

2. El diablo no respeta nuestra espiritualidad

   a) No podemos engañar al enemigo con nuestra espiritualidad

F. El diablo uso promesas bíblicas para tentar a Jesús (v.6,7)

1. El diablo usa promesas para seducirnos a caer en tentación

2. Promesas son una proyección de un futuro mejor

3. Las promesas de Satanás son medias verdades (véase a Génesis 3:4,5)

G. Satanás nos tienta aun en las áreas fuertes de nuestra vida (v.9-11)

1. Viendo Satanás que Jesús vencía sus tentaciones usando las sagradas escrituras, lo tentó la última vez con la misma biblia

2. El líder no puede descuidar ninguna parte de su vida, incluyendo sus áreas de mayor fuerza (véase a 1 Corintios 10:12 y Mateo 26:33)

H. Satanás amenazo la identidad de Jesús (v.3,9)

1. "Si eres el hijo de Dios"

2. La tentación de nuestra identidad (quien somos en Cristo) es una estrategia poderosa del enemigo (véase a Daniel 1:6,7 y Mateo 16:13-20)

3. La epidemia moral en nuestra sociedad tiene que ver, en parte, con un problema de identidad

4. Jesús no había testificado todavía de su deidad – esto nos enseña sobre la estrategia del enemigo. Sus trabajadores siempre están escuchando.

I. Jesús venció las tentaciones usando las *escrituras correctamente* (v.4, 8,10/ Mateo 4:7)

1. El uso correcto de las escrituras nos dará el poder para vencer tentaciones (2 Tim. 2:15)

J. <u>Jesús venció estas tentaciones y el diablo se retiró de él, pero solo por un tiempo</u> (v.13)

    1. El diablo te seguirá tentando por el resto de su vida (1 Pedro 5:8)

    2. Tus victorias hoy no garantizan victoria mañana.

La Confidencialidad del Líder

....

"Jesús el Confiable"

Pasando Jesús de allí, le siguieron dos ciegos, dando voces y diciendo: ¡Ten misericordia de nosotros, Hijo de David! Y llegado a la casa, vinieron a él los ciegos; y Jesús les dijo: ¿Creéis que puedo hacer esto? Ellos dijeron: Sí, Señor. Entonces les tocó los ojos, diciendo: Conforme a vuestra fe os sea hecho. Y los ojos de ellos fueron abiertos. Y Jesús les encargó rigurosamente, diciendo: Mirad que nadie lo sepa. Pero salidos ellos, divulgaron la fama de él por toda aquella tierra.

Mateo 9:27 al 31

....

La confidencialidad es un mandato

La confidencialidad es una característica esencial en la vida y ministerio del líder. El líder confidencial ganara el respeto, respaldo y la confianza de las personas que trabajan con él o ella. La confidencialidad es el hecho de guardar un secreto o mantener algo privado; es la encomienda de una confianza.[4] En nuestro pasaje central Jesús toco los ojos de dos ciegos devolviéndoles la vista. Tal cosa, fue un milagro poderoso en la vida de estos hombres y sabiendo Jesús que el gozo de este evento iba a producir una gratitud grande en ellos,

---

[4] The Merriam Webster Dictionary, 1998.

les encargo "rigurosamente" de mantenerlo un secreto. La razón por lo cual Jesús deseaba mantenerlo cayado era para no enfurecer a los líderes religiosos en Jerusalén que andaban buscando matarle. Jesús sabía que si la noticia de sus milagros seguía llegando a los oídos de sus enemigos iban a ser más motivados a procurar su muerte (y todavía el tiempo de su pasión no había llegado). En base a esto les pidió su confidencialidad; desafortunadamente, ellos violaron su confianza y divulgaron su fama por toda esa tierra poniendo en peligro la vida de Jesús. Vemos la conformación de este punto en el capítulo doce del mismo evangelio; "Y salidos los fariseos, tuvieron consejo *contra Jesús para destruirle*. Sabiendo esto Jesús, se apartó de allí; y le siguió mucha gente, y sanaba a todos, *y les encargaba rigurosamente que no le descubriesen*" (Mateo 12:14 al 16).

Este principio de la confidencialidad del líder es vital. El líder que no sabe guardar la confidencialidad de la gente carece de integridad moral. Un secreto revelado antes de tiempo puede poner en peligro la vida de otra persona y tal violación no tiene parte en la vida de la iglesia de Jesucristo. Por esta razón, la biblia enseña que la confidencialidad es un mandato bíblico y el que la viola, comete pecado contra Dios y su hermano. Los pasajes que siguen confirmaran aún más este principio bíblico:

Mateo 16:20,21 – "*Entonces **mandó a sus discípulos que a nadie dijesen que él era Jesús el Cristo**. Desde entonces comenzó Jesús a declarar a sus discípulos que le era necesario ir a Jerusalén y padecer mucho de los ancianos, de los principales sacerdotes y de los escribas; y ser muerto, y resucitar al tercer día.*"

<u>Lucas 5:12 al 15</u> – *"Sucedió que estando él en una de las ciudades, se presentó un hombre lleno de lepra, el cual, viendo a Jesús, se postró con el rostro en tierra y le rogó, diciendo: Señor, si quieres, puedes limpiarme. Entonces, extendiendo él la mano, le tocó, diciendo: Quiero; sé limpio. Y al instante la lepra se fue de él.* **Y él le mandó que no lo dijese a nadie;** *sino ve, le dijo, muéstrate al sacerdote, y ofrece por tu purificación, según mandó Moisés, para testimonio a ellos. Pero su fama se extendía más y más; y se reunía mucha gente para oírle, y para que les sanase de sus enfermedades."*

<u>Mateo 17:9</u> – *"Cuando descendieron del monte, Jesús les mandó, diciendo:* **No digáis a nadie la visión,** *hasta que el Hijo del Hombre resucite de los muertos."*

Conforme a la última referencia bíblica arriba, la confidencialidad de los discípulos tenía un tiempo limitado. Ellos tenían la responsabilidad de guardar silencio "hasta que el Hijo del Hombre resucite de los muertos." Esto significa que después de la resurrección, los discípulos tenían el mandato de romper con el silencio y hacer lo opuesto. De ese momento en adelante tenían que anunciar todas las cosas que vieron y oyeron de Jesucristo el Mesías. Esta verdad bíblica nos enseña que la confidencialidad se aplica en dos maneras. Hay algunas cosas que debemos guardar en silencio por toda la vida y hay otras cosas que podemos revelar en el momento oportuno. ¿Cómo podemos saber la diferencia entre las dos? Como ley debemos juzgar cada caso individual. No debemos establecer una regla que funciona para cada caso porque tomaremos el riesgo de caer en el legalismo donde aplicamos leyes simplemente por costumbre sin considerar los efectos prácticos. Sin embargo, podemos considerar el siguiente punto cuando estamos decidiendo entre si debemos romper alguna confidencialidad o guardarla para siempre. Si el hecho de romper silencio pone en peligro la vida o testimonio de una persona inocente, quizás no debemos de hacerlo. Sin embargo, hay momentos, como en casos de abuso doméstico, donde es necesario romper silencio, aunque algún miembro inocente de la familia (como un hijo) sufrirá la pérdida del miembro que cometió la violación (en este caso, sería injusto guardar silencio porque el silencio significaría más abuso para la victima). Es por eso que cada caso necesita ser considerado aparte y la justicia bíblica debe ser la que nos guie. En el caso bíblico de Jesús y sus discípulos (Mateo 17:9), ellos tenían toda la libertad de romper la confidencialidad de su maestro después de su resurrección. Las revelaciones de ellos después de la resurrección no iban a poner en peligro a nadie; con la excepción de aquellos líderes religiosos y seculares, llenos de lujuria y maldad, que rechazaron el mensaje del Mesías y tomaron con ese rechazo en si la ira y juicio de Dios.

Para concluir este primer punto, vamos a considerar el primer paso de lo que algunos maestros de la biblia han llamado la ley del Mateo 18 (que es la confrontación privado del pecado) para extraer algunos puntos finales:

Mateo 18:15-17 – *"Por tanto, si tu hermano peca contra ti, ve y repréndele **estando tú y él solos**; si te oyere, has ganado a tu hermano. Más si no te oyere, toma aún contigo a uno o dos, para que en boca de dos o tres testigos conste toda palabra. Si no los oyere a ellos, dilo a la iglesia; y si no oyere a la iglesia, tenle por gentil y publicano."*

Fíjate que Jesús enseño a sus discípulos que el primer paso de la confrontación del pecado debe ser en *privado*. Cuando un hermano ofende a otro hermano el que fue ofendido debe confrontar al hermano en privado. Esto le da una oportunidad de arrepentimiento a la persona culpable y a la misma vez su error no dejara una mancha en su testimonio. Esto es parte de la confidencialidad. La confidencialidad no es para cubrir el pecado de alguien con el fin de que ellos piensen que se han escapado de la justicia (o para que piensen que su pecado no fue grave), sino para promover el arrepentimiento y para guardar su testimonio. La ofensa de la persona culpable solo debe ser expuesta a la crítica pública si niega reconocer su error. Si no se arrepienta, entonces tendrá que ser confrontado por dos testigos adiciones y si eso no resulta en un cambio de conducta, el caso será presentado delante de la iglesia y todos sabrá su pecado.

En este primer punto hemos descubierto bíblicamente la responsabilidad inmensa que el líder tiene de guardar la confidencialidad de otras personas. Aun en casos de pecado, nuestra primera responsabilidad es de procurar en privado, sin que nadie más lo sepa, el arrepentimiento y la restauración de esa persona con el fin de edificar la iglesia de Jesucristo y expandir el reino de Dios. Si no existe la confidencialidad en una iglesia, estaremos promoviendo un habiente de chisme en la congregación y tal cosa tiene el potencial de destruir el testimonio y la misión de esa iglesia local.

El Peligro del Chisme

El chisme es lo opuesto de la confidencialidad y es un enemigo cruel para el discípulo y la iglesia de Jesucristo. El líder que se participa en ella será cómplice en la destrucción de muchos. Definimos el chisme como un rumor o reporte personal de alguien; es el hecho de revelar (contar) algo personal o sensacional de otra persona[5]. El líder necesita entender que cada confidencialidad violada abre puertas para el chisme y cada chisme tiene el poder para destruir. Con esto en mente, vamos a considerar algunos principios que goberné el chisme y así entender el poder destruidor de este mal.

En primer lugar, debemos comprender que el *chisme destruye el testimonio de nuestro hermano*. Desde el momento en que se divulga algo de alguien, el testimonio de esa persona acido amenazada. Sabiendo esto, Dios instruye al pueblo de Israel en contra del chisme; "No andarás chismeando entre tu pueblo. No atentarás contra la vida de tu prójimo. Yo Jehová. No aborrecerás a tu hermano en tu corazón; razonarás con tu prójimo, para que no participes de su pecado. No te vengarás, ni guardarás rencor a los hijos de tu pueblo, sino amarás a tu prójimo como a ti mismo. Yo Jehová" (Levítico 19:16-18). Si Dios prohíbo el chisme entre el pueblo de Israel, la iglesia de Jesús, que vive por una ley mayor (que es la ley de Cristo), debe ser lo mismo y hacer todo lo posible de expulsar este mal de la comunidad de fe. En segundo lugar, la biblia enseña que el *chisme produce división*. El autor de Proverbios declara que; "El que cubre la falta busca amistad; Mas el que la divulga, aparta al amigo" *(*Proverbios 17:9). Cuando divulgamos algo de alguien, especialmente cuando la persona que recibí la información no tiene el carácter moral para guardar un secreto, nos convertimos en participes del chisme. El resultado de esto puede ser la pérdida de un amigo. El chisme divide por virtud del espíritu destructora que le acompañe. La persona que es el enfoque del rumor puede sentir vergüenza y esa emoción tiende de causar un alejamiento que terminara en una separación

---

[5] The Merriam Webster Dictionary, 1998.

completa. Por lo cual, el chisme divide y no une a la iglesia y debe ser evitado. El tercer y último principio en este punto que debemos analizar es que el *chisme produce conflictos.* Regresando a los proverbios, la biblia declara que; "Sin leña se apaga el fuego, **Y donde no hay chismoso, cesa la contienda**. El carbón para brasas, y la leña para el fuego; Y el hombre rencilloso para encender contienda" (Proverbios 26:20,21). En otras palabras, el chisme tiene el poder de prolongar conflictos y pruebas. El chisme en este proverbio es comparado a leña que sirve para mantener un fuego ardiendo. Tal actitud es lo opuesto de lo que Jesús enseño. Él nos mandó a ser pacificadores. El que participe de un chisme, pasando tal rumor a otras personas, está actuando directamente en contra de lo que Jesús enseño y es participe de la destrucción y división que ocurrirá. Es por eso que la biblia lo llama necio; "Los labios del necio traen contienda; Y su boca los azotes llama. **La boca del necio** es quebrantamiento para sí, Y sus labios son lazos para su alma. Las palabras del chismoso son como bocados suaves, Y penetran hasta las entrañas" (Proverbios 18:6 al 8).

Como líder en entrenamiento, tienes que evitar la tentación de ser partícipe del chisme y aprender a refrenar su lengua para ser considerado un líder fiel. Vemos esta verdad revelada en Proverbios 11:13; "El que anda en chismes descubre el secreto; Mas el de espíritu fiel lo guarda todo." Este tipo de disciplina requiere una concentración y dedicación especial en una de las armas más poderosas que Dios ha dado al creyente; la lengua. En el punto que sigue, vamos a estudiar los principios necesarios para desarrollar una lengua que produce bendiciones y no maldiciones. Mientras tanto, nunca debes de olvidar el poder destructor que existe en solo un chisme. Eres un pacificador y tienes la responsabilidad de procurar el bienestar de tu hermano y la iglesia de Jesucristo pues escrito esta; "El que guarda su boca guarda su alma; Mas el que mucho abre sus labios tendrá calamidad (Proverbios 13:3).

Para poder desarrollar la disciplina espiritual de la confidencialidad y huir del peligro del chisme, el líder necesita aprender a dominar su lengua. Como la comunicación es un principio clave para el liderazgo, la meta de aprender a ejercer dominio propio en esta área es crucial para el éxito del líder. El apóstol Santiago reconoció esto y nos dejó unos principios importantes en su epístola. En este último punto de la lección, voy a ser una pequeña exegesis del capítulo tres de Santiago para extraer algunos puntos que serán de gran bendición para el líder que desea disciplinar su lengua (toma un tiempo para leer el capítulo completo antes de proseguir).

Líderes maduros

El apóstol Santiago comienza este capítulo amonestando al liderazgo de la iglesia sobre la responsabilidad mayor de un líder (maestro). Tan grande es esta responsabilidad que los líderes de la iglesia recibirán un "mayor condenación" en el día final. La palabra condenación en este versículo significa juicio, por lo cual el nivel del estandarte de vida y carácter para líder es mayor que la del miembro. El líder tiene el potencial por la ley de la influencia de dirigir a los que le siguen hacia aguas dulces o aguas amargas. Es por eso que la vara que Dios usara para medir al liderazgo de la iglesia es más estricta. En otras palabras, un líder puede ser mucho daño a la congregación de Jesucristo por lo cual debe entender que será juzgado por todo lo que hace y dice. En el versículo dos el apóstol declara maduro a los que no ofenden "en palabra." Vemos esto por el uso de la palabra "perfecto" (teleios) que habla del cumplimiento de un entrenamiento[6]. Esto nos enseña que el líder que no ha aprendido a refrenar su lengua no se ha cumplido su entrenamiento, más el líder que comunica y no se equivoca en su enseñanza es confiable y saludable para la iglesia.

Lengua pequeña, poder grande

En los versículos que sigue el apóstol Santiago comparta con su audiencia tres ilustraciones sobre el poder inmenso que tiene la lengua. Este conocimiento producirá en el líder un gran respeto por su poder. Considera la tabla:

Ilustración	Potencial	Poder
Freno del caballo	Controla todo el cuerpo	dirige su camino
Timón del barco	controla toda la nave	vence las tormentas
Un pequeno fuego	contamina el bosque	causa un enciendio

Con esta tabla (tomada de los versículos tres al cinco del capítulo tres de Santiago) el líder debe entender la seriedad del

---

[6] James Strong, *Strongs Exhaustive Concordance*, 1990.

llamado que tiene de ejercer dominio propio sobre su propia lengua. Estas tres ilustraciones nos enseñan tres poderes que existen en la lengua. La primera ilustración del caballo revela el poder que tiene la lengua para dirigir nuestro destino. Así como el freno en la boca de un caballo puede dirigir el camino de aquel caballo, la lengua del líder puede dirigir el destino del líder. Por lo cual, el líder necesita aprender a confesar las cosas buenas de su futuro conforme a lo que Dios ha declarado en su palabra. Si creemos y confesamos el destino bíblico que Dios ha revelado en su palabra, veremos el cumplimiento de esas cosas a pesar de los obstáculos que Satanás pone en el camino. Este pensamiento nos abre puertas para entrar en la segunda ilustración. El timón del barco revela el poder que tiene la lengua para vencer las tormentas de la vida. La biblia enseña que como discípulos de Jesucristo vamos a pasar por pruebas, conflictos y dificultades. Hay épocas en la vida de cada creyente cuando los problemas parecen ser imposible para resolver. En esos momentos tenemos que usar nuestras lenguas como el timón de una barca y navegar en contra de los vientos contrarios. En esos momentos hay que aprender a confesar; "todo lo puedo en Cristo que me fortalece" (Filipenses 4:13) y *"todo obra para bien para los que aman a Dios y para los que conforme a sus propósitos son llamados"* (Romanos 8:28) ¡Cuando navegamos nuestra lengua así, no habrá tormenta que nos vence!

La última ilustración es un aviso del peligro que existe cuando no usamos nuestra lengua para el bien. En este caso, la lengua se convierte en "un fuego, un mundo de maldad" que "está puesta entre nuestros miembros, y contamina todo el cuerpo" (versículo seis). La biblia nos exhorta a usar nuestra boca para el bien porque si lo usamos en una manera negativa, será el instrumento que causará destrucción y peligro para muchos, incluido a ti. El libro de los Proverbios dice que "Del fruto de la boca del hombre se llenará su vientre; Se saciará del producto de sus labios. La muerte y la vida están en poder de la lengua, Y el que la ama comerá de sus frutos (18:20,21)." Algunos no han entendido el poder que tiene nuestras palabras y hablan en una manera descontrolada declarando todo el sentir de sus emociones.

Algunos aún creen que si no dicen todo lo que sientan se van a morir por dentro o explotar. Sin embargo, el líder tiene que discernir entre una confesión que producirá arrepentimiento y la que traerá maldad. Por ejemplo, habrá ocasiones donde el líder tendrá la necesidad de comunicar un problema o conflicto a su mentor. Esto no significa que está confesando algo negativo, sino que está buscando ayuda. La confesión negativa es cuando el líder cree que las circunstancias adversas en su vida o ministerio le va a destruir y comienza a declarar la derrota. Hay una gran diferencia entre estas dos cosas y debemos entender cuáles son para aplicarlo en una manera correcta. Los que no buscan ayuda cuando tienen problemas que están fuera de su capacidad de resolver porque no quieren confesar algo negativo, no ha entendido este principio. Por lo cual, debemos de tomar mucha precaución en no usar nuestras lenguas para ser mal a alguien o para confesar nuestros temores o dudas en medio de las tormentas. Este tipo de confesión negativa puede producir un fuego que se levantará y destruirá todo lo que hemos plantado y establecido para el reino de Dios y para nuestras familias.

Dominio propio

El apóstol Santiago concluye su exhortación hablando sobre la importancia del dominio propio. El introduce este pensamiento usando el ejemplo de los hombres y su éxito en ejercer dominio sobre cosas en la vida que son difíciles de dominar. En comparación a ellas, según el apóstol, la lengua queda más difícil de dominar. En respeto a esto, Santiago declara que "ningún hombre puede domar la lengua" (versículo 8). Debemos entender que esta declaración no es una ley absoluta sino una ilustración donde el compara los niveles de dificultad entre dominar animales y dominar la lengua. El pasaje nos enseña que es más difícil ejercer dominio propio sobre tu lengua que dominar un animal salvaje. Algunos piensan que es imposible ejerce dominio propio sobre nuestras lenguas. Tal pensamiento contradice otras enseñanzas en la biblia incluyendo las que se encuentran en los versículos nueve al doce. Aquí el escritor está reprendiendo a aquellos que usan su lengua para bendecir a Dios y después para maldecir a su prójimo. Si fuera imposible dominar nuestras lenguas, seria injusta reprender a ellos. Por lo cual, ejercer dominio propio sobre la lengua es difícil pero no es imposible y Dios nos ha exhortado en su palabra a cumplir con este mandato. Considere lo que el apóstol Pablo dice a la iglesia; "Finalmente, sed todos de un mismo sentir, compasivos, amándoos fraternalmente, misericordiosos, amigables; no devolviendo mal por mal, ni maldición por maldición, sino por el contrario, bendiciendo, sabiendo que fuisteis llamados para que heredaseis bendición. Porque: El que quiere amar la vida Y ver días buenos, *refrene su lengua de mal, Y sus labios no hablen engaño*; Apártese del mal, y haga el bien; Busque la paz, y sígala. Porque los ojos del Señor están sobre los justos, Y sus oídos atentos a sus oraciones; Pero el rostro del Señor está contra aquellos que hacen el mal" (1 Pedro 3:8 al 12).

El apóstol Pedro y Santiago están en acuerdo que para poder refrenar nuestras lenguas tenemos que tomar una decisión de vivir nuestras vidas bajo la sabiduría divina. Este principio es lo que Santiago comunica para cerrar este capítulo (versículos 13 al 18). Su pregunta filosófica, "¿Quién es sabio y entendido entre vosotros?" es un llamado hacia la sabiduría divina. En esta conclusión él nos revela que la razón por lo cual algunos no ejercen dominio propio sobre sus lenguas es porque están viviendo como personas naturales que no tienen acceso a la sabiduría espiritual de Dios. Ellos han tomado la decisión de vivir en una manera que satisface su naturaleza humana. Desafortunadamente, este tipo de vida; "no es la que desciende de lo alto, sino terrenal, animal, diabólica." El apóstol está diciendo claramente que el creyente tiene todo el poder necesario para refrenar su lengua y la única razón que no está ejerciendo este mandamiento es porque se ha caído en una vida carnal donde la naturaleza pecaminosa domina. El líder debe entender que la biblia nos exhorta a ejercer dominio propio sobre nuestras lenguas y esto es un reto grande que no se puede lograr sin la ayuda y el poder de una vida dominada por el Espíritu. Cuando el líder analiza su boca y se da cuenta que no está hablando conforme al mandato bíblico de Dios, puede entender que se ha desviado de una vida plena del Espíritu y debe tomar el tiempo de enfocarse en una renovación espiritual. Cuando el líder vive dominado por el Espíritu, la sabiduría de Dios fluye por sus labios, la paz de Dios se siente en su ministerio y la justicia de Dios será manifestada en todo lo que hace.

El líder Visionario

"La visión de Cristo"

Por tanto, nosotros también, teniendo en derredor nuestro tan grande nube de testigos, despojémonos de todo peso y del pecado que nos asedia, y corramos con paciencia la carrera que tenemos por delante, puestos los ojos en Jesús, el autor y consumador de la fe, el cual por el gozo puesto delante de él sufrió la cruz, menospreciando el oprobio, y se sentó a la diestra del trono de Dios.

Hebreos 12:1,2

Un líder sin visión es un líder que no sabe hacia dónde va; y un líder que no sabe hacia dónde va, tiene a los que le sigue con mareos (por las huertas que han dado). Dijo un predicador en una ocasión; "El que no sabe hacia dónde va, siempre llega a su destino." En esta lección vamos a estudiar varios puntos básicos sobre la visión espiritual del líder y así ser motivados a ver la vida como Dios la ve con el fin de dirigir, para el bien, a nuestros seguidores. Nuestro pasaje central revela que Jesús *"por el gozo puesto delante de él"* cumplió con su llamado y como resultado triunfo sobre los poderes de las tinieblas. Esa frase *"por el gozo puesto **delante de él**"* significa que el vio y pudo captar lo que el Padre había establecido para su vida en el futuro y esa visión le dio poder para soportar las pruebas en el camino, cumpliendo así, con su ministerio. Los resultados de su compromiso y fidelidad fueron grandes. Conforme a las escrituras, Jesús fue exaltado hasta lo sumo y *"se sentó a la diestra del trono de Dios"* (versículo 2). Si Jesús pudo ver, captar y cumplir la visión del cielo para su vida, el líder de hoy puede, con la ayuda del Espíritu de Dios, seguir su ejemplo y hacer lo mismo. El líder que trabaja conforme a la visión celestial, tomara parte esencial del gran plan divino para esta humanidad.

El peligro de la ceguera

En el pasaje central podemos ver un ejemplo visionario del liderazgo de Jesús en la tierra. El liderazgo de nuestro maestro fue intencional de tal manera que el ministraba dirigido por la visión que había recibido por el Padre. Esta visión celestial es lo que llamamos *visión divina*. Es aquella percepción hacia el futuro que el Espíritu de Dios imparta en aquel que desfruta de una dulce comunión con Dios. Cuando el creyente camina con Dios íntimamente, el Señor comparta sus sueños, deseos y planes con él/ella. En esos momentos de intimidad espiritual con el creador, el creyente recibe una transferencia de visión que ilumina su camino de fe. Es por eso que debemos procurar mantener una conexión constante con aquel que nos salvó. Aquel que no camina con Dios no tiene la capacidad espiritual de saber hacia dónde Dios le quiere llevar; y el que no sabe hacia dónde va está sufriendo de una ceguera espiritual y tal cosa es peligroso.

Vemos un ejemplo del peligro de la ceguera espiritual en el ministerio del sacerdote Eli; la historia de él se encuentra en 1 Samuel capitulo tres (toma un minuto para leerlo). En primer lugar, quiero que anote la frase "la palabra de Jehová escaseaba en aquellos días; no había visión con frecuencia" (versículo uno). Esta frase revela el estatus espiritual de Eli porque él era el líder responsable por traer la palabra de Dios al pueblo. Si no hubo palabra de Jehová en aquellos días, era una acusación en contra del ministerio de Eli. De igual manera debemos anotar que la falta de la palabra causo la ausencia de visión en el líder y en el pueblo; y cuando no hay visión, hay peligro. Vemos la evidencia de este peligro en los versículos que siguen; ellos describen la condición espiritual de la casa de Eli. Sus hijos estaban cometiendo inquietad y estaban hasta blasfemando a Dios y Eli no tomo la responsabilidad de corregirles. Es por eso que Dios levanta a Samuel, discípulo de Eli, para proclamar juicio.

Este acto de juzgar el pecado del líder y su casa restaura la justicia y la santidad en la casa de Dios y la nación de Israel será libre para recibir las bendiciones del Dios altísimo. Esta conexión entre el líder y el pueblo es un punto vital en esta historia. Si el líder está disfrutando de una dulce comunión con su creador, entonces tendrá siempre una palabra de Dios para el pueblo y serán bendecidos. Pero si el líder no tiene su vida o casa en orden, entonces el pueblo sufrirá las consecuencias de su pecado. Jesús nos advirtió de este peligro en el capítulo quince de Mateo; "Entonces acercándose sus discípulos, le dijeron: ¿Sabes que los fariseos se ofendieron cuando oyeron esta palabra? Pero respondiendo él, dijo: Toda planta que no plantó mi Padre celestial, será desarraigada. Dejadlos; *son ciegos guías de ciegos*; y si el ciego guiare al ciego, *ambos caerán en el hoyo*" (versos 12 al 14, Reina Valera). Cada persona que aspira a ser líder debe recordar siempre este principio. Pues el que se equivoca cuando nadie le está siguiendo, no tendrá que preocuparse por otros; más el que fracasa siendo líder, tendrá que rendirle cuentas a Dios no solo por su vida, pero por las vidas de sus seguidores. Es por eso que quise comenzar este capítulo advirtiéndole sobre el peligro que existe en la vida de aquel que no tiene visión. El que no tiene visión divina está ciego; ¡y el que está ciego, va rumbo hacia un hoyo!

Recibiendo visión divina

Ya que hemos visto la necesidad urgente de adquirir la visión de Dios, debemos tomar este espacio para considerar los principios necesarios para recibir una visión que viene de él. Para cumplir esto debemos entender la diferencia entre una visión divina y una visión humana. Por definición podemos ver que una visión divina es aquello que es recibido de Dios. El que vive con tal visión se ocupa en cumplir la asignación terrenal que Dios le ha dado. Una visión humana es un enfoque en trabajar para el bienestar de la raza humana o para lograr algo para sí mismo.

Tal cosa puede ser divinamente inspirada como puede salir de los deseos y caprichos del hombre o la mujer sin ninguna inspiración divina. Esto es importante de aclarar ya que el líder que está trabajando hacia el cumplimiento de una asignación celestial tiene que constantemente guardar su corazón de motivos egos centrales usando principios y métodos en el camino que son bíblicos, justos y beneficiosos para muchos. El que trabaja con una visión sin la certeza de que lo recibió del Espíritu de Dios y por virtud es algo que agrada y glorifica a Dios, no se preocupa por guardar la palabra o la justicia de Dios en lo que hace. Esto puede ser peligroso ya que el motivo de su corazón es capaz de guiarlo a cometer actos en el camino que violan la ley de Dios y en la mayoría de estos casos la bendición de uno es más importante que el bienestar de muchos. Por lo cual, debemos cuidarnos y prestar mucha atención en lo que estamos haciendo y en porque estamos haciendo lo que estamos haciendo. Pues cualquier persona (creyente o líder) puede equivocarse o desviarse del plan celestial. Si nos cuidamos en cumplir lo que Dios ha ordenado, seremos felices en lo que hacemos y el pueblo que nos sigue será bendecido.

Otro ejemplo perfecto de un líder que recibió y ministro aquí en la tierra guiado por una visión divina es el apóstol Pablo. Pablo (cuando se llamaba Saulo) era perseguidor de la iglesia de Jesucristo. Él se envolvió en este tipo de trabajo y comportamiento injusto basada en sus propias convicciones. Su aspiración religiosa equivocada lo decepciono tanto que aprobó la muerte de Esteban y era responsable por la muerte de muchos creyentes del primer siglo. En la mente de Saulo, su celo religioso era agradable a Dios hasta que en camino a Damasco su visión humana es confrontada con el dador de la visión divina (Hechos 26:1-20). De ese momento en adelante su vida y su visión cambiaria para siempre. Aquel hombre que perseguía a los seguidores de Jesús se convirtió en el apóstol de los Gentiles y un gran héroe de la fe. Este ejemplo de Pablo nos enseña que el hecho de que una persona es cristiana y va a la iglesia no significa que está siguiendo en pos de la visión de Dios. Como les explique arriba, tenemos que desarrollar la disciplina de examinar nuestros pasos y pensamientos para ver si estamos siguiendo la visión que Dios ha establecido para nosotros. Esto es sumamente importante en la vida del líder porque sus decisiones pueden impactar a sus seguidores para mal o para bien. Si estamos conscientes de esto y procuramos vivir vidas que cumplen con los propósitos divinos; al final de nuestras vidas podremos decir lo mismo que declaro Pablo; "He peleado la buena batalla, he acabado la carrera, he guardado la fe. Por lo demás, me está guardada la corona de justicia, la cual me dará el Señor, juez justo, en aquel día; y no sólo a mí, sino también a todos los que aman su venida" (2 Timoteo 4:7,8 / Reina Valera).

La Palabra y El Espíritu

Hay dos fuentes fundamentales para recibir una visión divina; la Palabra de Dios y el Espíritu de Dios. En el comienzo de este capítulo explique la importancia de una comunión intima entre el creyente y su creador. Uno de los beneficios de esta comunión es la transferencia, por El Espíritu Santo, de la visión de Dios. Cuando caminamos con Dios en una manera constante, su Espíritu nos habla sobre los planes que Dios tiene con nosotros. Sin embargo, es importante asegurar lo que pensamos que el Espíritu nos está diciendo con la palabra de Dios. La palabra es nuestra constitución espiritual y el Espíritu de Dios nunca va en contra de ella. La palabra de Dios es perfecta y nos guiara hacia toda verdad y toda justicia. Así que, para poder recibir una visión divina, el líder necesita caminar en el espíritu y trazar bien la palabra de Dios. El apóstol Pedro confirma esta verdad en su segunda epístola. En la porción escritural abajo, él nos está recordando del evento glorioso de la transfiguración de Cristo. Ese evento de impacto espiritual quedo marcada para siempre en su mente y corazón, pero el exhorta a su audiencia que aun ese evento no se puede comparar con el poder de la palabra de Dios:

"Porque no os hemos dado a conocer el poder y la venida de nuestro Señor Jesucristo siguiendo fábulas artificiosas, sino como habiendo visto con nuestros propios ojos su majestad. Pues cuando él recibió de Dios Padre honra y gloria, le fue enviada desde la magnífica gloria una voz que decía: Este es mi Hijo amado, en el cual tengo complacencia. Y nosotros oímos esta voz enviada del cielo, cuando estábamos con él en el monte santo."

"Tenemos también la palabra profética más segura, a la cual hacéis bien en estar atentos como a una antorcha que alumbra en lugar oscuro, hasta que el día esclarezca y el lucero de la mañana salga en vuestros corazones; entendiendo primero esto, que ninguna profecía de la Escritura es de interpretación privada, porque nunca la profecía fue traída por voluntad humana, sino que los santos hombres de Dios hablaron siendo inspirados por el Espíritu Santo" (2 Pedro 1:16-21).

Pedro nos exhorta claramente que cuando escrudiñamos la palabra de Dios ella se convertirá en una "antorcha" que alumbrará nuestro camino. Cuando el líder está familiarizado con las escrituras sagradas, la visión de Dios iluminara su camino y los que le siguen serán bendecidos. El líder que conoce y aplica la palabra es un líder que ha recibido una visión celestial.

El Espíritu de Dios es la segunda fuente para recibir una visión divina. Hablamos sobre la unción del Espíritu Santo en la lección número cinco, pero no tocamos el punto sobre la relación entre la unción y la visión divina (nuestro énfasis era sobre la sanidad física). El líder que está lleno del Espíritu Santo recibirá la capacidad espiritual de entender el propósito y la visión de Dios para su vida. Un ejemplo bíblico de esta capacidad se encuentra en el último libro de la biblia; "Yo estaba en el Espíritu en el día del Señor, y oí detrás de mí una gran voz como de trompeta, que decía: Yo soy el Alfa y la Omega, el primero y el último. Escribe en un libro lo que ves, y envíalo a las siete iglesias que están en Asia: a Éfeso, Esmirna, Pérgamo, Tiatira, Sardis, Filadelfia y Laodicea" (Apocalipsis 1:10,11 / Reina Valera 1960).

Cuando Juan dice que él estaba "en el Espíritu" está diciendo que fue influenciado por el Espíritu Santo. La influencia del Espíritu Santo fue tan poderosa que Juan recibió una "visión" extraordinaria sobre el futuro del ser humano aquí en la tierra. Debo mencionar que esta visión que Juan recibió fue algo especial que tenía que ser escrito por él para el beneficio de la iglesia en todas las edades. Esto significa que su visión y carta fue inspirado por el Espíritu y es infalible. Hoy, Dios no está dando revelaciones al creyente que cabe dentro de esa categoría, pero si tenemos la capacidad de recibir una visión bajo la unción del Espíritu Santo que tiene la capacidad de ser de gran bendición a los creyentes que nos sigan. Los versículos abajo abundan más sobre esta verdad bíblica:

Juan 16:13 – *"Pero cuando venga el Espíritu de verdad, él os guiará a toda la verdad; porque no hablará por su propia cuenta, sino que hablará todo lo que oyere, y os hará saber las cosas que habrán de venir."*

Hechos 13:2 – *"Ministrando éstos al Señor, y ayunando, dijo el Espíritu Santo: Apartadme a Bernabé y a Saulo para la obra a que los he llamado."*

Hechos 10:19,20 – *"Y mientras Pedro pensaba en la visión, le dijo el Espíritu: He aquí, tres hombres te buscan. Levántate, pues, y desciende y no dudes de ir con ellos, porque yo los he enviado."*

El líder espiritual nunca debe dudar del poder sobrenatural de El Espíritu de Dios. Jesús envió El Espíritu Santo para ayudarnos con el cumplimiento de los propósitos de Dios aquí en la tierra. Él es capaz de guiarnos y darnos la visión necesaria para cumplir nuestros ministerios. Lo hizo en la iglesia de Antioquia cuando señalo a Bernabé y a Saulo (Pablo) para un ministerio misionero; lo hizo con Pedro cuando quiso aclarar su plan redentor con los gentiles, y lo hará con cada líder hoy que busca y confía en el poder del Espíritu de Dios.

Escribe la visión

El último punto que deseo comunicar bajo en tema del líder visionario es la necesidad pragmática que el líder tiene de escribir la visión que Dios le ha dado. En la visión del apocalipsis vemos este principio cuando Dios le da órdenes al apóstol Juan de escribir "en un libro lo que ves, y envíalo a las siete iglesias que están en Asia" (Apocalipsis 1:11 / Reina Valera 1960). El punto pragmático que deseo enfatizar en este pasaje bíblico es el hecho que la visión que Dios deseaba comunicar al líder (Juan) no era para él solo sino para el beneficio de su iglesia. Por lo cual, escribiendo la visión de Dios es una práctica muy esencial en la vida y ministerio del líder.

Uno de los pasajes muy utilizado para comunicar este principio bíblico en el mundo cristiano es la que se encuentra en el libro de Habacuc. Vamos a tomar un momento para revisarla y así extraer algunos puntos que nos sirvieran con la aplicación de esta verdad.

"Sobre mi guarda estaré, y sobre la fortaleza afirmaré el pie, y velaré para ver lo que se me dirá, y qué he de responder tocante a mi queja. Y Jehová me respondió, y dijo: *Escribe la visión*, y decláralas en tablas, para que corra el que leyere en ella. Aunque la visión tardará aún por un tiempo, más se apresura hacia el fin, y no mentirá; aunque tardare, espéralo, porque sin duda vendrá, no tardará" (Habacuc 2:1 al 3 / Reina Valera 1960, énfasis mío).

Podemos comenzar nuestra exegesis de este pasaje enfatizando sobre el mandato de escribir la visión. Así como Juan, Dios comunica al profeta Habacuc la importancia y valor de escribir lo que Él le ha mostrado. Vemos una vez más este punto confirmado y podemos declarar sin lugar a duda que esta disciplina espiritual será de gran bendición en el ministerio del líder. Con este punto fundamental confirmado, vamos a considerar algunos de los beneficios de esta práctica.

En primer lugar, podemos ver que cuando una visión se escribe es más fácil de entender. El pasaje declara que una visión escrita es una visión que puede ser leída ("el que leyere"). Cuando la visión puede ser leída, los que nos siguen pueden meditar sobre ella y así recibir aclaración sobre su significado. Esto trajera entendimiento y reprenderá todo tipo de confusión. Cuando nuestros seguidores entienden la visión entonces pueden ir al próximo nivel que es la aplicación. Cuando la visión está clara (porque está escrita) entonces otros pueden comenzar a "correr" con ella. Una visión escrita se entiende y se puede aplicar. Una visión que no ha sido adecuadamente comunicado (escrito) traerá confusión y no desfrutará de ningún avance significativo.

Esto nos lleva al tercer beneficio de una visión escrita, la veracidad. Este punto nos ayuda verificar si lo que Dios ha dado al líder es genuinamente divina o solo parte de sus propios deseos humanos. Hemos declarado arriba la diferencia entre una visión humana y una visión divina y aunque el aspecto humano no es necesariamente malo (aunque puede ser) debemos ser todo lo posible en dejar que el Espíritu de Dios sea el autor de nuestro futuro. Este último punto nos ayuda discernir si la visión es auténtica o no. Si es divinamente inspirado, "no mentira" aunque se tardara. Pero si Dios no está en medio de una visión, ella toma el riesgo de nunca ser cumplido. Es por eso que algunos miembros se cansan y se frustran esperando el cumplimiento de lo que su líder dijo vino de Dios. El pueblo toma muy en serio todo lo que el líder declara así que debemos tener mucho cuidado con lo que decimos pues si no se cumpla, nos pueden llamar mentiroso. Este punto también nos ayuda porque el líder cuando escribe la visión puede *editar* lo que ha escrito cada vez que la visión que Dios le ha dado se aclare en nosotros. En otras palabras, una visión puede ser divinamente inspirada sin embargo el líder que recibió esa visión no recibió *la señal* divina por completo. O quizás el líder se equivocó en un aspecto de esa visión y cuando se da cuenta de su error, lo edita. Esta disciplina espiritual le ayudara al líder desarrollar en una manera practica la visión que Dios le ha dado y los que le siguen serán edificados por ella.

Hemos considerado en este capítulo la importancia de la visión divina en la vida y ministerio del líder. Hemos entendido que Jesús fue nuestro ejemplo perfecto y como visionario sufrió las vicisitudes de su propio pueblo y de la cruz porque el Padre le mostro los beneficios de ese sacrificio que fue la redención de la humanidad (de los que creen). Estudiamos el peligro que existe cuando un líder anda sin visión. Esto afectara de manera drástica sus seguidores pues cuando un ciego guía a otro ciego los dos van rombo hacia el ojo. También vimos la diferencia entre una visión humana y una divina aprendiendo que la única manera de recibir la visión divina es vivir sometido a la Palabra y el Espíritu de Dios. Terminamos considerando la importancia pragmática de escribir la visión para que otros puedan entenderla, aplicarla y verificar su autenticad. Cuando el líder se ocupa en hacer esto, su visión será de gran bendición a muchos y "Aunque la visión tardará aún por un tiempo...y no mentirá; aunque tardare, espéralo, porque sin duda vendrá, no tardará" (Habacuc 2:3 / Reina Valera 1960).

Trabajando en Equipo

"Jesús y sus discípulos"

Y saliendo Jesús, vio una gran multitud, y tuvo compasión de ellos, y sanó a los que de ellos estaban enfermos. Cuando anochecía, se acercaron a él sus discípulos, diciendo: El lugar es desierto, y la hora ya pasada; despide a la multitud, para que vayan por las aldeas y compren de comer. Jesús les dijo: No tienen necesidad de irse; dadles vosotros de comer.

Mateo 14:13 al 21

Unas de las características del liderazgo de Jesucristo que impacto su ministerio en gran manera fue su habilidad de trabajar en equipo. La biblia enseña que Jesucristo escogió a doce hombres para ser parte de su equipo ministerial y entre estos doce, escogió a Pedro, Juan y Jacobo quien los sirvió en una manera más íntima. Trabajar en equipo es un principio fundamental para el éxito del líder. Conforme a la teología de Pablo, la iglesia es un cuerpo que se compone de muchos miembros trabajando en conjunto hacia una meta divina (Romanos 12:5). El diccionario Webster define un equipo como "un grupo de personas trabajando como una unidad." Cualquier discípulo que aspira dirigir un ministerio dentro de la iglesia de Jesucristo necesita aprender a funcionar en equipo. Un punto importante dentro del concepto de equipo que ha ganado popularidad en algunos círculos es el concepto de los doce. Algunos han enfatizado la importancia de mantener este número para duplicar el modelo que Jesucristo utilizo en su ministerio. Algunos aun han declarado que esta es esencial para poder desarrollar un discipulado y liderazgo eficaz en la iglesia. Sin embargo, no hay evidencia concreta que Jesús nos exige hoy a escoger doce personas para ser miembros de nuestro equipo ministerial. El hecho de que Jesús escogió doce discípulos no significa que tenemos que tomar la misma cantidad en nuestro ministerio actual. Jesús escogió doce discípulos porque había un propósito específico que tenía que ver con las doce tribus de Israel. Algunos teólogos confirman que los doce de Jesús eran una representación del nuevo reino que Jesús vino a establecer dentro de las doce tribus y esto es un concepto cultural aplicable solo para Israel. Debemos entender que no hay ninguna evidencia bíblica que la iglesia de Jesús está obligada a escoger doce discípulos en su equipo, aunque puedan hacerlo si así lo desean (sin *obligar* a otros a ser lo mismo). Si estudiamos bien la historia de la iglesia, vamos a ver que Jesús era el único que tenía doce discípulos. No hay ninguna evidencia que los doce discípulos de Jesús formaron su propio grupo de doce después de su ascenso. Conforme a las escrituras, Jesús escogió y entreno doce hombres y les envió para ganar a otros (Mateo 10:5). Más adelante en su ministerio envía a setenta hombres para ganar a otros (Lucas 10:1,17). Si sigamos analizando había ciento vente discípulos en el aposento alto obedeciendo las instrucciones de Jesús (Hechos 1:14,15). Ninguno de estos números es sinónimo con el número doce y como menciono arriba, no hay evidencia bíblica que indica que el apóstol tenía un equipo de doce en sus ministerios. Después de haber considerado la evidencia, nuestro enfoque en cuanto a Jesús y sus discípulos no debe ser en el hecho de que él tenía doce, sino en el hecho de que el trabajo en equipo. Por lo cual, este capítulo está dedicado para equiparnos hacer lo mismo. Para estudiar esta verdad bíblica más profundo, vamos a analizar la historia de la alimentación de los cinco mil. En ella descubriremos los beneficios que ganamos cuando trabajamos en equipo. Tal historia se encuentra en cada libro de los cuatro evangelios y vamos a considerar el evangelio según San Mateo para nuestro estudio. Para poder expandir el pensamiento de algunos de los puntos, estaré refiriéndome hacia algunos de los otros evangelios que enfatizan algún punto adicional en la historia.

Mayor vigilancia

Lo primero que me llame la atención de esta historia es el hecho de que los discípulos avisaron a Jesús sobre una crisis eminente en el ministerio. Jesús estaba ministrando a más de cinco mil personas, en un lugar desierto, donde no había facilidades para alimentación cercana. Esto representaba una posible crisis en el ministerio de Jesús ya que se estaba anocheciendo. Basada en esto, ellos le informaron sobre la necesidad de despedir a la multitud para que pudieron regresar a sus aldeas para comer. Esto nos enseña el primer beneficio de trabajar en equipo; mayor vigilancia. Cuando una iglesia u organización trabaja en equipo, tiene una habilidad mayor de discernir las necesidades del pueblo ya que las responsabilidades y compromisos del líder principal son muchas. De tal manera el equipo se convierta en los ojos y los oídos de su líder con el fin de estar al día con las necesidades importantes de la congregación. Estas necesidades entonces pueden ser discutidos entre el equipo y deben comunicar los casos serios al líder. Los casos que no tienen una connotación peligrosa o de mayor impacto al ministerio pueden ser administrados por los miembros del equipo intimo (las reglas que gobiernan este detalle varían). El punto importante de este principio es que el equipo tiene más acceso a las necesidades de esa comunidad que solo una persona. El líder que no sabe trabajar en equipo pierde la oportunidad de aumentar su conocimiento de las necesidades, inquietudes y pensamientos de las personas que están llamados a servir con excelencia. La biblia enseña que "mejores son dos que uno; porque tienen mejor paga de su trabajo. Porque si cayeren, el uno levantará a su compañero; pero ¡ay del solo! que cuando cayere, no habrá segundo que lo levante…Y si alguno prevaleciere contra uno, dos le resistirán; y cordón de tres dobleces no se rompe pronto" (Eclesiastés 4:9, 10, 12). Cuando la iglesia trabaja en equipo tiene mayor capacidad de vigilar, con carácter servicial, a la congregación.

Uno de los beneficios secundarios que este punto produce es la unidad. Cuando el líder trabaja en equipo sus miembros se sienten más comprometidos con la salud y desarrollo de la iglesia. Recuerda que fue los discípulos que informaron a Jesús sobre la necesidad de despedir a la multitud. Ellos se sintieron parte del ministerio de su maestro y esto produjo mayor vigilancia cuyo resultado fue un equipo unido. Cuando los miembros de la congregación se sienten como parte de la misma, eso produce unidad. La gente comienza a procesar el ministerio con un sentido común. Los problemas de otros se conviertan en los problemas de todos. Los éxitos de uno son los éxitos de todos. Los discípulos entendieron que una multitud con hambre, sin tener donde comer, no solo fue el problema de Jesús, sino fue un problema para todos. Los discípulos pensaron así porque Jesús formo en ellos el concepto de unidad cuando trabajaba en equipo. Cuando estudiamos bien los evangelios, vemos que los discípulos tuvieron la libertad de expresar sus ideas, opiniones e inquietudes dentro del ministerio de Jesús. También vemos que Jesús dio un sentido de valor a cada uno de ellos. Este concepto de *igualdad en valor* es muy importante. A veces algunos de nuestros miembros se sienten mal porque su rol o función dentro del equipo aparentemente no tiene mayor importancia. El líder que sabe trabajar en equipo se esfuerza para enfatizar la importancia de cada tarea, asignación y persona. Cada ministerio es crucial para el éxito de una iglesia y cada miembro necesita sentir útil. Cuando el líder enseña la diferencia entre *valor y función*, promoverá la unidad y tendrá mayor vigilancia y participación en la congregación. De esta manera, la iglesia disfrutará de la unidad congregacional y será exitoso en el cumplimiento de su misión.

Mayor organización

En respuesta a la necesidad eminente presente en nuestro pasaje central, Jesús encomienda a sus discípulos a buscar algo de comer para la multitud. Con esto el maestro activa en su equipo la necesidad de organizarse. La palabra raíz en organización es *organizar* que significa, "construir o arreglar en una manera ordenada" (diccionario Webster 1999). Cuando una congregación trabaja en equipo, tiene la capacidad de poner en orden todo lo que esta desorganizado. Un líder desorganizado producirá confusión y caos en el grupo que está dirigiendo y la manera de evitar tal cosa es estableciendo el orden. El establecimiento del orden dentro del ministerio de la iglesia de Jesucristo es sumamente vital y es un principio que vemos con frecuencia en el Nuevo Testamento. Pablo era uno de los apóstoles que comunicaba y promovía este concepto en todas las iglesias. Por ejemplo, a su hijo Tito dijo; "Por esta causa te dejé en Creta, para que *corrigieses lo deficiente*, y establecieses ancianos en cada ciudad, así como yo te mandé" (Tito 1:5). Aquí vemos que el propósito por lo cual Pablo dejo a Tito en Creta era para corregir "lo deficiente" y para establecer "ancianos" en esa iglesia. Estos dos trabajos ministeriales son con el fin de traer orden en ese lugar. La palabra deficiente en su forma original *(leipō)* significa "algo inferior" que ha sido "desamparado o abandonado, destituido, ausente o que ha fallado"[7]. Cuando un aspecto del ministerio de la iglesia se encuentra en esta condición carece de orden y la corrección de lo que es deficiente producirá el orden necesario para producir fruto digno de nuestra vocación. El establecimiento de ancianos en esa iglesia garantizo que el orden que Tito iba a instituir podría ser mantenido. Es por eso que Pablo estableció los requisitos de los ancianos (Tito 1:6-9). Si los líderes están en orden, la iglesia desfrutara de un espíritu ordenado.

Otra iglesia que recibió instrucciones del apóstol Pablo para establecer orden era la iglesia en Corinto; "Así que, hermanos míos, cuando os reunís a comer, esperaos unos a otros. Si alguno tuviere hambre, coma en su casa, para que no os reunáis para juicio. Las demás cosas *las pondré en orden* cuando yo fuere" (1 Corintios 11:33,34). La carta a los Corintios fue escrita en respuesta a algunas preguntas que los miembros habían escrito a Pablo. En respuesta a estas preguntas, y para corregir el comportamiento de algunos de ellos; Pablo, inspirado por el Espíritu Santo, les comunica las verdades del Reino de Dios. No tenemos el espacio en esta ocasión para explicarle todo el desorden que estaba sucediendo en aquella iglesia. Solo les menciono que había miembros prósperos

---

[7] James Strong, *Strongs Exhaustive Concordance*, 1990.

(económicamente hablando) tomando ventaja de los pobres, matrimonios divididos y un caso de inmoralidad que no se menciona ni entre los impíos. A la luz de todo esto (y mucho más), Pablo les da instrucciones y reprensiones con el fin de poner en orden todo lo que esta deficiente. En los últimos capítulos de esa prima carta, Pablo les recuerda la importancia del orden en el servicio; "Así que, hermanos, procurad profetizar, y no impidáis el hablar lenguas; pero *hágase todo decentemente y con orden*" (1 Corintios 14:39,40).

Regresando a nuestro pasaje central, vemos que los discípulos organizaron sus esfuerzos e hicieron una investigación de los recursos que estaban presentes en la tesorería de su ministerio y en la multitud en respuesta al mandato de Jesús. Esta verdad se ve claro en el evangelio de Marcos; "Despídelos para que vayan a los campos y aldeas de alrededor, y compren pan, pues no tienen que comer (dicho por los discípulos). Respondiendo el (Jesús), les dijo: Dadles vosotros de comer. Ellos le dijeron: ¿Que vayamos y compremos pan por doscientos denarios, y les demos de comer? El les dijo: ¿Cuántos panes tenéis? **Id y vedlo.** Y al saberlo, dijeron: Cinco, y dos peces" (Marcos 6:37-38). Cuando consideramos los pasajes en los dos evangelios, podemos ver que los discípulos contaron con doscientos denarios, cinco panes y dos peses para resolver el conflicto. Uno de los beneficios que recibimos cuando tomamos un inventario de las cosas es que logramos descubrir con claridad donde estamos parados y con que (o quién) podemos contar. La mayoría de las compañías dentro de los Estados Unidos toman inventario de sus productos y recursos por la misma razón. Quieren saber que productos son los más productivos para seguir ofreciéndolo a sus clientes y cuales productos no se están moviendo para reducir lo que no produce fruto. En la misma manera el líder debe, con frecuencia, investigar el estatus del inventario de su vida personal, de la vida de su equipo y la de su congregación. Esto debe ser el primer pasó cuando deseamos organizar algo. No podemos organizar una congregación o corporación sin saber primero donde está parado. En nuestro pasaje central es obvio, por la respuesta de los discípulos, que sus recursos no eran suficientes para suplir la necesidad presente. Esto significa que ellos no estaban preparados ni equipados para resolver el conflicto. Por lo cual, Jesús establece un segundo mandato; "les mandó que hiciesen recostar a todos por grupos sobre la hierba verde. Y se recostaron por grupos, de ciento en ciento, y de cincuenta en cincuenta" (Marcos 6:39,40).

El primer mandato provoco un inventario, el segundo mandato provoco una estructura. Cuando el líder alcanza un conocimiento claro de donde esta parada la organización que está dirigiendo, entonces puede iniciar el segundo paso la cual es su estructuración. Esto se logra estableciendo métodos funcionales y sistemas relevantes a la cultura, los costumbres y el trasfundo histórico de aquella iglesia. En la misma manera que Jesús mando sus discípulos a estructurar la multitud, haciéndoles sentar en grupos de cien y cincuenta para resolver el conflicto, la iglesia debe re estructural sus ministerios que no están siendo fructífero. La iglesia y el líder que trabaja en equipo podrán avivar la obra de Dios en esta manera. Cuando la iglesia es estructurada por la implementación de nuevos ministerios o métodos, la congregación será fortalecida y sus necesidades serán suplidas. Existe la necesidad de re estructurar los métodos y sistemas eclesiásticos en diferentes épocas dentro de la historia de la iglesia por la simple razón de que los seres humanos, por nuestra naturaleza pecaminosa, tienden de construir la casa de Dios a su manera. En otros casos, construimos ministerios relevantes a la cultura de la sociedad cuando comenzamos, pero al pasar los años, los miembros de aquel lugar no quieren cambiar con los tiempos y su influencia y efectividad dentro de la comunidad sufre. Es por eso que debemos practicar el principio de tomar un inventario (como mencione arriba) de nuestras vidas, ministerios y iglesia con regularidad para identificar este mal. La biblia nos enseña que "Si Jehová no edificare la casa, en vano trabajan los que la edifican; Si Jehová no guardare la ciudad, en vano vela la guardia" (Salmo 127:1). Esto significa que Dios es el arquitecto a lo que concierne a su iglesia y los líderes están obligados a seguir sus instrucciones cuando van a construir la misma. Jesús confirmo este principio cuando respondió a la revelación de Pedro cuando lo confeso como el Mesías. A esto dijo; "Y yo también te digo, que tú eres Pedro, y sobre esta roca edificaré mi iglesia; y las puertas del Hades no prevalecerán contra ella" (Mateo 16:18). Muchos teólogos han enseñado que Jesús no se estaba refiriéndose a Pedro como el fundamento de la iglesia sino a la verdad que el proclamo ese día. Es decir, Cristo es el fundamento de la iglesia y cada líder debe edificar sobre esa verdad. Si esta verdad le parece dudosa, considere las mismas palabras del apóstol Pedro en su primera epístola. El mismo reconoce que Jesús es la piedra que cada creyente, líder y iglesia debe reconocer; "Acercándoos a él, piedra viva, desechada ciertamente por los hombres, más para Dios escogida y preciosa, vosotros también, como piedras vivas, sed edificados como casa espiritual y sacerdocio santo, para ofrecer sacrificios espirituales aceptables a Dios por medio de Jesucristo" (1 Pedro 2:4,5).

Mayor Alcance

El último punto que deseo extraer de nuestro pasaje central que trae beneficios al líder y la iglesia que trabaja en equipo es el principio de la delegación. Cuando el líder aprende a delegar las responsabilidades de la iglesia a personas adecuadas, el alcance de esa iglesia será multiplicada. En el pasaje central Jesús recibió lo que sus discípulos le trajeron (cinco panes y dos peses), los bendijo y se los devolvió (versículo 19). Vemos el principio de delegación atreves de toda esta historia, pero especialmente cuando Jesús devuelve los panes y peces a sus discípulos para repartirlo entre la multitud. Este último punto es uno de los beneficios más beneficio para el líder, la iglesia y la misión de Cristo. La iglesia que aprende a desarrollar este principio entre sus miembros recibirá una mayor capacidad de alcanzar sus familias, comunidades, ciudades y nación. Sin embargo, entendemos que una de las razones por lo cual algunos líderes se limitan a desarrollar este principio en sus ministerios es por el peligro que existe en ella. Delegar una responsabilidad a alguien irresponsable podría traer pleitos, divisiones y estancamiento en ese ministerio. Es por eso que el líder necesita aprender algunas pautas de la delegación para evitar los peligros que se encuentren en ellas.

En primer lugar, el líder necesita estar familiarizado con el carácter de las personas que está entrenando antes de otorgar cualquier responsabilidad a ellos. El líder debe observar su comportamiento en tiempos buenos y cuando el discípulo pasa por tiempos malos o difíciles para ver qué tipo de carácter tiene. Esto no se hace con el fin de abandonar al discípulo que comete un error sino con el fin de reconocer su temperamento, fuerzas y debilidades. El líder debe confrontar al alumno en las áreas débiles para ver si está dispuesto a humillarse y reconocerlo con el fin de cambiar. El alumno que no reconoce su condición no está en la posición de cambiar o crecer por lo cual no debe recibir una asignación con influencia dentro de la iglesia porque puede influenciar o afectar a otros miembros en una manera negativa. En otras palabras, una persona debe ser adecuadamente probada antes de recibir una responsabilidad de mucha influencia. Esto mismo era lo que el apóstol Pablo estaba enseñando a Timoteo cuando le dijo; "Tú, pues, hijo mío, esfuérzate en la gracia que es en Cristo Jesús. Lo que has oído de mí ante muchos testigos, esto encarga a hombres *fieles que sean idóneos* para enseñar también a otros." (2 Timoteo 2:1,2 / Énfasis mío). Y otra vez, "Te encarezco delante de Dios y del Señor Jesucristo, y de sus ángeles escogidos, que guardes estas cosas sin prejuicios, no haciendo nada con parcialidad. *No impongas con ligereza las manos a ninguno*, ni participes en pecados ajenos. Consérvate puro. (1 Timoteo 5:21,22). Estos versículos confirman la necesidad de entrenar y probar a nuestros discípulos antes de darles alguna asignación de influencia dentro de la iglesia. Cuando Pablo le dice, "No impongas con ligereza las manos a ninguno," le está diciendo, no le des autoridad a alguien en la iglesia muy rápido. Espera hasta que conozcas bien a esa persona. Cuando son "fieles y sean idóneos" entonces están listos para ser lanzados a la obra.

La segunda regla que el líder debe considerar antes de delegar responsabilidades es el don de la persona. El líder necesita conectar una necesidad ministerial en la iglesia con una persona que tiene el don adecuado para suplir esa necesidad. Una vez más podemos considerar las enseñanzas de Pablo en esto; "Y él mismo constituyó a unos, apóstoles; a otros, profetas; a otros, evangelistas; a otros, pastores y maestros, a fin de perfeccionar a los santos para la obra del ministerio, para la edificación del cuerpo de Cristo, hasta que todos lleguemos a la unidad de la fe y del conocimiento del Hijo de Dios, a un varón perfecto, a la medida de la estatura de la plenitud de Cristo; para que ya no seamos niños fluctuantes, llevados por doquiera de todo viento de doctrina, por estratagema de hombres que para engañar emplean con astucia las artimañas del error, sino que siguiendo la verdad en amor, crezcamos en todo en aquel que es la cabeza, esto es, Cristo, de quien *todo el cuerpo, bien concertado y unido entre sí* por todas las coyunturas que se ayudan mutuamente, según la actividad propia de cada miembro, recibe su crecimiento para ir edificándose en amor" (Efesios 4:11-16 / Énfasis mío). Pablo comienza esta porción de su enseñanza comunicando que Dios es el que da *dones* a los seres humanos, "apóstoles; a otros, profetas; a otros, evangelistas; a otros, pastores y maestros". En segundo lugar, él nos comunica el *propósito* de esos ministerios "fin de perfeccionar a los santos para la obra del ministerio, para la edificación del cuerpo de Cristo." El continua su enseñanza comunicando la *meta* del ministerio, "hasta que todos lleguemos a la unidad de la fe y del conocimiento del Hijo de Dios, a un varón perfecto, a la medida de la estatura de la plenitud de Cristo." Y termina diciéndonos el *modelo* que debemos aplicar para lograr esa meta, "de quien todo el cuerpo, bien concertado y unido entre sí por todas las coyunturas que se ayudan mutuamente, según la actividad propia de cada miembro, recibe su crecimiento para ir edificándose en amor." En otras palabras, la iglesia de Jesucristo crece cuando "todo el cuerpo, bien concertado" trabaja unido. Bien concertado significa que cada miembro está funcionando conforme a su capacidad, asignación y don. Es por eso que el líder necesita tomar el tiempo para observar y probar al alumno. En esta manera el tendrá el tiempo para conocer bien sus habilidades y darle asignaciones conforme a ella cuando su vida lograr la madurez suficiente para trabajar en conjunto, sin escándalo, con el resto del cuerpo y liderazgo. Pues escrito esta: "Desecha las cuestiones necias e insensatas, sabiendo que engendran contiendas. Porque el siervo del Señor *no debe ser contencioso*, sino amable para con todos, *apto para enseñar*, sufrido" (2 Timoteo 2:23, 24 / Énfasis mío).

Hemos aprendido que cada líder necesita un equipo para poder trabajar en una manera organizada y eficiente. El éxito de ese líder y ministerio está relacionado con las personas que trabajan con él/ ella. La tabla abajo guiara al líder con este reto. Incluyo en la tabla personas (discípulos) que no están listos para formar su propio equipo todavía, pero desean trabajar en una. La columna titulada "como ser parte de un equipo" les ayudara con esto.

Como formar un equipo

Como formar un equipo	Como ser parte de un equipo
Cada líder debe orar y meditar bien antes de escoger las personas en su equipo. Esto requiere paciencia – Lucas 6:12 al 16 / Lucas 5:16	Cada discípulo que desea ser parte de un equipo ministerial debe orar y sentir la confirmación del espíritu de Dios antes de ser parte de ese equipo
Cada líder debe escoger personas aprobados (fieles) – 2 Timoteo 2:2 / Hechos 6:1-4 La persona fiel cualifica más que la persona infiel con talentos. El líder debe reconocer la diferencia entre frutos y dones.	Cada discípulo que desea ser parte de un equipo ministerial debe procurar crecer en fidelidad. La fidelidad se mide en tres áreas básicas: "Tiempo, Talento, Tesoro."
Cada líder debe extender una invitación a las personas con quien él/ella desea trabajar. No esperas que le gente adivine que estas interesado en ellos. - Lucas 5:27 al 32 / Juan 1:35 al 42	Cada discípulo que desea ser parte de un equipo ministerial debe comunicar su inquietud con el líder de ese equipo. Los líderes no son adivinos y necesitan saber sus deseos, anhelos y habilidades.

Dejando un Legado

"El legado de Jesús"

Porque yo ya estoy para ser sacrificado, y el tiempo de mi partida está cercano. He peleado la buena batalla, he acabado la carrera, he guardado la fe. Por lo demás, me está guardada la corona de justicia, la cual me dará el Señor, juez justo, en aquel día; y no sólo a mí, sino también a todos los que aman su venida.

2 Timoteo 4:6 al 8

En una ocasión, alguien pregunto al famoso Martin Lutero que haría se supiera que hoy iba ser su ultimo día en la tierra y él respondió "iré y sembrare un árbol." En otra ocasión, un gran maestro dijo a un alumno que quería saber cómo vivir una vida exitosa lo siguiente, "cierra tus ojos y imagina como será tu servicio fúnebre después de tu muerte. Algunas personas pasaran al frente testificando de todas las obras de amor, sacrificio y benevolencia que ha ejecutado en su vida y la mayoría de las personas allí estaban tristes. Ya que has imaginado todo esto, abre tus ojos y comienza a vívelo." Lo que estaba comunicando Martin Lutero y el maestro es la importancia de dejar un legado. Un legado se puede definir como una herencia, patrimonio, tradición, o un testimonio. Es lo que alguien deja atrás después de su muerte. No podemos terminar este nivel de enseñanzas sobre los principios de un liderazgo Cristo céntrico sin comunicar los principios necesarios para dejar un legado bueno. Este último capítulo está dedicado a estudiar como el líder puede lograr esto antes de graduarse al cielo.

En todo este nivel de enseñanzas (la escuela de líderes) hemos comenzado cada capítulo analizando el ejemplo de nuestro Señor Jesucristo con el fin de extraer esos principios de liderazgo en nuestros ministerios. La verdad del caso es que podríamos considerar cada lección como legado que Jesús nos dejó para el bien de su reino. Su humildad en servicio a otros, su habilidad de trabajar en equipo, la autoridad de su liderazgo y su poder espiritual son aspectos del legado que él nos ha dejado. Jesús mismo confesó que termino su trabajo ministerial aquí en la tierra dejándonos un ejemplo ideal de seguir cuando dijo; "Y esta es la vida eterna: que te conozcan a ti, el único Dios verdadero, y a Jesucristo, a quien has enviado. Yo te he glorificado en la tierra; *he acabado la obra que me diste que hiciese*. Ahora pues, Padre, glorifícame tú al lado tuyo, con aquella gloria que tuve contigo antes que el mundo fuese" (Juan 17:3-5). Quizás el apóstol Pedro estaba pensando en el legado de Cristo cuando escribió:

"Pues ¿qué gloria es, si pecando sois abofeteados, y lo soportáis? Más si haciendo lo bueno sufrís, y lo soportáis, esto ciertamente es aprobado delante de Dios. Pues para esto fuisteis llamados; porque también Cristo padeció por nosotros, **dejándonos ejemplo***, para que sigáis sus pisadas; el cual no hizo pecado, ni se halló engaño en su boca; quien cuando le maldecían, no respondía con maldición; cuando padecía, no amenazaba, sino encomendaba la causa al que juzga justamente; quien llevó él mismo nuestros pecados en su cuerpo sobre el madero, para que nosotros, estando muertos a*

los pecados, ivamos a la justicia; y por cuya herida fuisteis sanados. Porque vosotros erais como ovejas descarriadas, pero ahora habéis vuelto al Pastor y Obispo de vuestras almas" (1 Pedro 2:21-25).

Como mencione arriba, parece que Pedro estaba pensando en el legado de Jesús cuando escribió este pasaje. Conforme a ella, Jesús nos dejó un legado de santidad, integridad, humildad y de fe.

El escritor americano John MacArthur, en su libro "The Legacy of Jesus" hace una pequeña exegesis de los capítulos 13 al 16 del libro de Juan y menciona cinco aspectos del legado de Jesús. Conforme al señor MacArthur, Jesús nos dejó el ejemplo de un amor genuino, una esperanza del cielo, un ministerio de poder y autoridad, la provisión para todas nuestras necesidades y el don del Espíritu Santo. Estos ejemplos confirman en una manera concreta que Jesús nos ha dejado un magnifico legado y si Cristo nos dejó un legado digno de seguir, los líderes espirituales de hoy deben pensar en hacer lo mismo.

Como dejar un legado

En nuestro pasaje central el apóstol Pablo está comunicando sus últimos consejos a su hijo en la fe Timoteo que estaba activo como Pastor. Él estaba consciente de que su tiempo aquí se estaba acabando y tomo la oportunidad para exhortarle; "prediques la palabra, instes a tiempo y fuera de tiempo; redarguye, reprende, exhorta con toda paciencia y doctrina." Estos son palabras de un hombre que amaba profundamente el ministerio de la iglesia de Jesucristo y deseaba ver el reino de

Dios avanzar por el mundo entero. Un hombre que dejo las comodidades de su hogar tres veces como misionero para predicar, formar discípulos y establecer iglesias por aldeas, pueblos y ciudades lejanas. Un hombre que sufrió grandemente en estos viajes sin quejarse. Parte de estos sufrimientos él lo comparte con la iglesia de Corinto en defensa de su apostolado;

"¿Son ministros de Cristo? (Como si estuviera loco hablo.) Yo más; en trabajos más abundante; en azotes sin número; en cárceles más; en peligros de muerte muchas veces. De los judíos cinco veces he recibido cuarenta azotes menos uno. Tres veces he sido azotado con varas; una vez apedreado; tres veces he padecido naufragio; una noche y un día he estado como náufrago en alta mar; en caminos muchas veces; en peligros de ríos, peligros de ladrones, peligros de los de mi nación, peligros de los gentiles, peligros en la ciudad, peligros en el desierto, peligros en el mar, peligros entre falsos hermanos; en trabajo y fatiga, en muchos desvelos, en hambre y sed, en muchos ayunos, en frío y en desnudez; y además de otras cosas, lo que sobre mí se agolpa cada día, la preocupación por todas las iglesias" (2 Timoteo 4:2).

Un hombre que sufrió tanto y dedico la mayoría de su vida por la causa de Cristo no iba a perder la oportunidad de impartir en su hijo los principios necesarios para dejar un legado honroso atrás. Pablo hizo todo lo posible para ser ejemplo y dejar su legado, ahora era el tiempo de Timoteo de hacer lo mismo.

Esfuérzate

Lo primero que Pablo comunica para poder dejar un legado es la determinación, valentía y voluntad en el líder de esforzarse; "He peleado la buena batalla." La bendición de dejar un legado digno de ser imitado no es para los vagos, los flojos o los indecisos; sino para los que son valientes, ardientes, y vigorosos. Satanás hará todo lo posible para que su vida como líder no tenga ningún valor eterno. Es por eso que será necesario esforzarse, luchar y batallar en la gracia y poder del Espíritu de Dios si vas a tener éxito en esto. Uno de mis ejemplos favoritos relacionado con este tema es lo que Dios le dijo a Josué después de la muerte de Moisés. Moisés era un gran líder que hizo cosas impresionantes para su pueblo y ahora que él estaba muerto, le tocaba Josué, su asistente, a dirigir el pueblo masivo a continuar la misión de Dios. ¿Cómo él iba a seguir las pisadas de un hombre que confronto al gran Faraón con señales y pródigos hasta que liberto el pueblo de Israel de esclavitud? Un hombre con la preparación académica de las salas de educación en las mejores escuelas de Egipto. Que era un gran juez. Que oro a Dios y cayo mana del cielo. Que golpeo la piedra y salió agua. Que extendió su vara y partió el mar rojo. ¿Con un líder tan poderoso y exitoso cómo Moisés, como Josué iba a seguir su legado de liderazgo en una manera que iba a honrar a Dios y Moisés? A la luz de esta gran responsabilidad, Dios le aparece y le dice;

"Mi siervo Moisés ha muerto; ahora, pues, levántate y pasa este Jordán, tú y todo este pueblo, a la tierra que yo les doy a los hijos de Israel. Yo os he entregado, como lo había dicho a Moisés, todo lugar que pisare la planta de vuestro pie. Desde el desierto y el Líbano hasta el gran río Éufrates, toda la tierra de los heteos hasta el gran mar donde se pone el sol, será

vuestro territorio. Nadie te podrá hacer frente en todos los días de tu vida; como estuve con Moisés, estaré contigo; no te dejaré, ni te desampararé. **Esfuérzate** *y sé valiente; porque tú repartirás a este pueblo por heredad la tierra de la cual juré a sus padres que la daría a ellos. Solamente* **esfuérzate** *y sé muy valiente, para cuidar de hacer conforme a toda la ley que mi siervo Moisés te mandó; no te apartes de ella ni a diestra ni a siniestra, para que seas prosperado en todas las cosas que emprendas. Nunca se apartará de tu boca este libro de la ley, sino que de día y de noche meditarás en él, para que guardes y hagas conforme a todo lo que en él está escrito; porque entonces harás prosperar tu camino, y todo te saldrá bien. Mira que te mando que te* **esfuerces** *y seas valiente; no temas ni desmayes, porque Jehová tu Dios estará contigo en dondequiera que vayas" (Josué 1:2-9).*

En este encuentro que Josué tuvo con Dios, le dijo tres veces que era necesario esforzarse para poder cumplir su misión como líder de Israel. Para entrar en la tierra que Dios le había dado, Josué iba a confrontar enemigos afuera y adentro de Israel. Iba a tener que enfrentar conflictos, desánimos, problemas y peligros. En todo esto, Dios prometió estar con él; eso era su promesa. Eso era su posición. La posición de Josué era de esforzarse y ser valiente en medio de cualquier situación que podía surgir. Esto fue lo que Dios le dijo y esto fue lo que Josué izo. Los resultados están escritos en El libro, leído por cada generación que vino después. ¡Qué gran victoria Dios les dio! ¡Qué gran legado Josué dejo!

Desempeño ministerial

El segundo principio esencial que el creyente tendrá que cumplir para dejar un legado de bendición aquí en la tierra es el fiel cumplimiento del ministerio que Dios ha entregado en sus manos. El esfuerzo que debemos ejercer tiene que ser concentrada. No podemos perder tiempo y energía peleando batallas que no son nuestras. La vida es corta y el líder necesita saber, sin lugar a duda, cuál es su llamado. Es por eso que tomamos un nivel completo dentro de la Academia de Discipulado para escribir sobre la importancia de descubrir y desarrollar los dones que están disponibles para el creyente. Cuando el creyente reconoce sus habilidades en Cristo y busca activarlas dentro de la comunidad de fe (bajo la supervisión y corrección de sus líderes), está cumpliendo con este principio del desempeño ministerial. Pablo nos revela esta verdad cuando dijo en nuestro pasaje central; "He peleado la buena batalla, *he acabado la carrera,* he guardado la fe." Si hacemos un pequeño análisis de la frase en que pusimos énfasis descubriríamos que la palabra "carrera" se puede traducir como "oficio o el acto de correr en una competencia[8]." Con estas palabras el apóstol Pablo está comparando el desempeño ministerial a una competencia entre atletas en un maratón o en las olimpiadas. Para competir a ese nivel se requiere muchos sacrificios y una gran determinación de parte del atleta. Es como si él estuviera diciendo que su vida ha sido un maratón y él ha usado sus talentos y habilidades para terminar, cumplir o completar la asignación apostólica que Jesús depósito en sus manos cuando lo llamo. Él no está diciendo todo esto para vanagloriarse sino para servir como ejemplo a Timoteo. Esta verdad está a la par con lo que Pablo le dijo en los versículos anteriores; "Te

---

[8] James Strong, *Strongs Exhaustive Concordance*, 1990.

encarezco delante de Dios y del Señor Jesucristo, que juzgará a los vivos y a los muertos en su manifestación y en su reino, que prediques la palabra; que instes a tiempo y fuera de tiempo; redarguye, reprende, exhorta con toda paciencia y doctrina...sé sobrio en todo, soporta las aflicciones, haz obra de evangelista, *cumple tu ministerio*" (2 Timoteo 4:1,2,5). En otras palabras, el ministerio de liderazgo eclesiástico es un reto que requiere un esfuerzo mayor y para lograr cumplir ese ministerio el líder tiene que terminarlo o completarlo hasta final.

Esta gracia y determinación de cumplir el llamado que Dios ha dado al líder es una gran necesidad hoy. Conforme a Pastoralcareinc.com, ochenta por ciento de personas dicen que el ministerio pastoral le ha afectado en una manera negativa. Cuarenta por ciento de pastores dicen que tienen un conflicto cada semana con un miembro de la iglesia. Cincuenta por ciento de pastores comenzando hoy no duraran más de cinco años. Cuatro mil iglesias se cierran cada año y solo uno de cada diez pastores terminara su carrera como pastor. Como dije anterior, hay una gran necesidad hoy en día de líderes (hombres y mujeres) que no van a rendirse ante los conflictos, pruebas y dificultades frente a ellos. Si no tendrán la valentía y gracia de acabar la carrera que Dios ha puesto delante de ellos. Esto es un punto crucial dentro de nuestra presentación y no puedo concluir sin comunicarles algunos pasos básicos para "cumplir el ministerio" que Dios le ha dado como líder. En primer lugar, el líder debe responder al llamado del liderazgo espiritual con las motivaciones correctas. Aceptar una posición como líder para cualquier motivo que no sea para servir, amar y ayudar a las personas que te será asignado esta fuera de orden. Por ejemplo, algunos desean ser líderes para ser visto por otros en una luz positiva; otros porque tienen hambre de ejercer poder y dominio sobre la gente; y aun otros porque están buscando una recompensa financiera. Esta es una lista corta de posibles motivaciones mencionados en las sagradas escrituras que pueden causar un fracaso ministerial. Otro paso que viene a mi mente es el desarrollo del carácter del líder. Una de los causantes del fracaso ministerial que vemos hoy en día es la caída moral del ministro. En los últimos años hemos vistos varios escándalos ministeriales dentro del reino de Dios. Por ejemplo, un pastor recientemente fue hallado muerto en su habitación de hotel con drogas en su bolsillo. Otro pastor fue acusado por cuatro jóvenes de abuso sexual. Otro estaba pagando por los servicios de un hombre ramera para recibir placeres sexuales y varios pastores de diferentes tipos de iglesias (independientes y conciliares) fueron descubiertos en relaciones de adulterio. Cuando fueron investigados, el adulterio había durado por varios años. Lo más serio de los casos mencionados arriba es el hecho que la mayoría estaban dirigiendo iglesias muy prósperas y son conocidos por casi el mundo entero. Hago mención a esto no para condenarles pues entiendo que solo la gracia de Dios es que nos ha sostenido; sino para enfatizar la necesidad que existe de preparar discípulos que muestran integridad en el desarrollo de su carácter. También reconozco que esto no nos garantiza que la inmoralidad dentro de la iglesia será totalmente eliminada, pero nuestros esfuerzos en tomar el tiempo de preparar y endorsar obreros que han sido hallado fiel indicara que estamos reconociendo los peligros que existen hoy en día y estamos enfrentando ese reto con esmero.

El último paso que deseo mencionar antes de continuar con el último punto es la importancia de la preparación académica e teológica del líder. En el recurso de las estadísticas que mencione arriba, el autor declara que noventa por ciento de pastores piensan que no son capacitados para manejar las demandas del ministerio. ¡Noventa por ciento! ¡Eso es casi todas! A la luz de esta realidad, no podía terminar esta sección sin enfatizar el valor del estudio teológico dentro del ministerio. Debemos mantener un profundo deseo de continuar estudiando la palabra de Dios al nivel que nos sea accesible entendiendo que esto también requiere esfuerzo y sacrificio. El apóstol Pablo declaro que él no solo había "peleado la buena batalla" y había "acabado la carrera" pero también había *"guardado la fe."* La palabra "guardado" en el lenguaje original es *"tēreō"* que significa atender, cuidar o guardar. Es por eso que otras versiones de la biblia ha traducido esa porción bíblica, "me he mantenido fiel" (DHH) "me he mantenido en la fe" (NVI) y "no he perdido la fe" (Palabra de Dios para todos). La versión que nos ayuda enfatizar este punto es la Nueva Versión Internacional. Ella está captando la necesidad de mantenerse en la fe. La biblia nos enseña que para poder mantenerse en la fe tenemos que mantenernos en la palabra de Dios por qué; "la fe es por el oír, y el oír, por la palabra de Dios" (Romanos 10:17). Si queremos dejar un legado digno de ser imitado necesitamos guardar nuestra fe hasta final. Esto será imposible si el creyente no dedica su vida al constante y serio estudio de la palabra de Dios. Permítame concluir esta porción comunicándole una pequeña historia de la vida real que mi Padre compartió conmigo años atrás. Ella enfatiza sobre la necesidad de seguir estudiando sin importar los obstáculos. En una ocasión alguien pregunto a un alumno de setenta años porque él había regresado a la universidad para estudiar la carrera difícil de abogacía. El respondió, en algunos años cumpliré ochenta sin o con esa preparación. ¡Pienso que serviría mejor a mi familia y comunidad con ella! Nunca es muy tarde para estudiar, comienza hoy.

Mentalidad del Reino

El ultimo principio que deseo comunicar sobre el legado es la necesidad de que cada líder desarrolle una mentalidad del reino. Cuando hablo de una mentalidad del reino estoy enfatizando sobre una mentalidad que constantemente está consciente de que cada ser humano tendrá que rendir cuentas a su creador por las obras que hizo mientras estaba en la tierra; sea bueno o sea malo. El apóstol Pablo lo comunico de esta manera; "He peleado la buena batalla, he acabado la carrera, he guardado la fe. Por lo demás, me está guardada la corona de justicia, la cual me dará el Señor, juez justo, *en aquel día*; y no sólo a mí, sino también a todos los que aman su venida" (2 Timoteo 4:7,8). La frase "en aquel día" es una referencia al día de juicio (para los creyentes). El menciona lo mismo a la iglesia de Corinto; "Por tanto procuramos también, o ausentes o presentes, serle agradables. Porque es necesario que todos nosotros comparezcamos ante el tribunal de Cristo, para que cada uno reciba según lo que haya hecho mientras estaba en el cuerpo, sea bueno o sea malo" (2 Corintios 5:9,10). Como cristianos estamos muy pendientes de que habrá un juicio final para todos los que niegan a Jesucristo (Apocalipsis 20:11-15) pero creo que no prestamos suficiente atención de que nosotros también (los cristianos) vamos a ir ante la presencia de nuestro Señor Jesús para rendir cuentas a él un día. A la luz de esta realidad, entiendo que Pablo está comunicando a su hijo Timoteo que él está preparado para presentarse delante de su Señor sin ningún tipo de vergüenza y Timoteo debe vivir su vida con la misma confianza.

Conforme al Nuevo Testamento el enfoque central del mansaje de Jesús fue el reino de los cielos (sinónima en la mayoría de las ocasiones con el reino de Dios). Juan el bautista profetizo diciendo, "Arrepentíos, porque el reino de los cielos se ha acercado" (Mateo 3:1,2) haciendo referencia de Jesús y su ministerio. En varias ocasiones Jesús enseño a sus seguidores la necesidad de desarrollar una mentalidad del reino cuando dijo; "El tiempo se ha cumplido, y el reino de Dios se ha acercado; arrepentíos, y creed en el evangelio" (Marcos 1:15). "Y si tu ojo te fuere ocasión de caer, sácalo; mejor te es entrar en el reino de Dios con un ojo, que teniendo dos ojos ser echado al infierno" (Marcos 9:47). "Más buscad primeramente el reino de Dios y su justicia, y todas estas cosas os serán añadidas" (Mateo 6:33). También podemos ver la importancia que Jesús daba al mensaje de reino cuando reprendió a los Fariseos por no comunicar este mensaje al pueblo y cuando entreno a sus discípulos a comunicar el reino de Dios a Israel; "Mas ¡ay de vosotros, escribas y fariseos, hipócritas! porque cerráis el reino de los cielos delante de los hombres; pues ni entráis vosotros, ni dejáis entrar a los que están entrando (Mateo 23:13). "A estos doce envió Jesús, y les dio instrucciones, diciendo: Por camino de gentiles no vayáis, y en ciudad de samaritanos no entréis, sino id antes a las ovejas perdidas de la casa de Israel. Y yendo, predicad, diciendo: El reino de los cielos se ha acercado (Mateo 10:5-7).

Este punto es relevante hoy tanto como estaba en el primer siglo. El curre-curre de la vida tiene la tendencia de tentarnos a olvidarnos de la vida que vendrá, la vida eterna. El trabajo, los compromisos financieros, la crianza de nuestros niños; el ministerio, la iglesia y las necesidades de nuestros miembros, demandan nuestra atención y tiempo. Con todo lo que está pasando a nuestro alrededor, ¿Quién tiene tiempo de pensar en el cielo? La biblia nos advirtió del peligro de estar tan envuelto con los quehaceres de la sociedad que uno se olvida de Dios cuando dice; "Como fue en los días de Noé, así también será en los días del Hijo del Hombre. Comían, bebían, se casaban y se daban en casamiento, hasta el día en que entró Noé en el arca, y vino el diluvio y los destruyó a todos. Asimismo, como sucedió en los días de Lot; comían, bebían, compraban, vendían, plantaban, edificaban; más el día en que Lot salió de Sodoma, llovió del cielo fuego y azufre, y los destruyó a todos. Así será el día en que el Hijo del Hombre se manifieste" (Lucas 17:26-30). Estas palabras deben motivarnos a establecer prioridades. Podemos ser fieles mayordomos de nuestra familia y estar ocupados en la viña del Señor sin olvidar que todo lo que estamos haciendo debe ser por la gloria de nuestro rey Jesús. Todo lo que tenemos pertenece a él y todo lo que somos es por él y para él. Un día vamos a verle cara a cara. Contemplar su hermosura. Adorar su majestad. Rendirle cuenta de todo lo que hemos hecho y pensado. Por lo cual, debemos manejar los asuntos de nuestra vida entendiendo y pensando en nuestra morada eterna, el reino. El que así lo hace, dejara para otros un legado digno de ser imitado pues escrito esta;

"El hombre bueno deja herencia a sus nietos; el pecador amasa fortunas que serán del justo" (Proverbios 13:22 DHH).

Esto representa el final de los cinco niveles de entrenamiento eclesiástico de la academia de discipulado. Cada nivel de entrenamiento tuvo un enfoque especial con el fin de cumplir un propósito particular. La escuela de adoradores le enseño como ser un discípulo que adorar a Jesús en espíritu y en verdad. La escuela de evangelismo le capacito para compartir las buenas nuevas de salvación con todas las personas que Dios pone a su alcance. La escuela de mentoria impartió en ti el deseo de amar y cuidar a lo demás, abriendo su corazón a los seres humanos con el entendimiento de que todos carecemos de amor. La escuela del ministerio les dio las herramientas necesarias para entender cuáles son los dones funcionales en ti y como perfeccionar esos dones con el fin de ser partícipe de la expansión del reino de Dios a través de la iglesia que tu perteneces. No te olvide que tu vida y tus destrezas marcaran la diferencia en muchos. En el último nivel de entrenamiento de su desarrollo espiritual, estudiaste diez principios básicos del ministerio de aquel que te salvo. Recuerde que cada día tienes la oportunidad de ser como Jesús impactando las vidas de las personas que están en su familia, iglesia, comunidad y en el mundo entero. Este reto sucederá un día a la vez, una persona a la vez. Estaré orando por ti para que el Espíritu de Dios les use para discipular a todas las personas que sea posible y así serás colaborador de Cristo y participe del cumplimiento de la gran misión de "id y ser discípulos".

Como iniciar una Academia de Discipulado en su iglesia

Hemos creado la Academia de Discipulado para proveer un recurso que servirá para asistir a los pastores en el proceso de formar a los nuevos creyentes a la imagen y semejanza de Cristo. Hemos simplificado este sistema para que sea fácil de ser implementado en cualquier iglesia (pequeño o grande) con el fin de que el ministerio local puede comenzar a desfrutar de sus frutos lo más antes que sea posible. Los puntos que siguen son vitales para el desarrollo fructífero de su Academia de Discipulado.

El currículo

El primer paso para iniciar una Academia de discipulado en la iglesia local es el de estar familiarizado con el currículo. Si el pastor está muy ocupado en el ministerio, esta tarea puede ser delegada a uno de sus líderes. Nuestro curso de discipulado consiste en cinco niveles de entrenamiento y cada uno tiene una concentración específica para que el discípulo sea adecuadamente preparado en la misma. El currículo consiste en un libro de texto para el maestro (La Academia de Discipulado) y cinco manuales de trabajo para el alumno. Los cinco niveles de entrenamiento son:

(1) <u>La escuela de adorares</u> – el enfoque del primer nivel es de enseñar al creyente como desarrollar una vida espiritual íntima con Jesucristo.

(2) <u>La escuela de evangelismo</u> – el enfoque del segundo nivel es enseñar al creyente cómo compartir el evangelio de Jesucristo con otros.

(3) <u>La escuela de mentoría</u> – en el tercer nivel el creyente es orientado en cómo cuidar y afirmar a las personas que él o ella ha ganado para Cristo

(4) <u>La escuela del ministerio</u> – en el cuatro nivel el discípulo es orientado en como descubrir y desarrollar los dones que Dios les ha dado con el fin de participar como voluntario en la iglesia local.

(5) <u>La escuela de líderes</u> – en el último nivel enseñamos al creyente a cómo ser un líder en su hogar, en la iglesia y en su comunidad. Al completar los cinco niveles de entrenamiento, estará listo para ser colaborador en la expansión del reino de nuestro señor, trabajando arduamente para el avance de la iglesia local.

El director de la Academia

Después de estar familiarizado con el currículo de la Academia de Discipulado, la próxima tarea es de establecer un director de la Academia. Algunas de las funciones del director son: (1) Dirigir el equipo de liderazgo de la Academia que consiste en un asistente y un secretario/tesorero; (2) supervisar todos los aspectos de la academia;

(3) someter un reporte mensual de la academia al pastor; (4) reunir con los maestros/mentores de la academia una vez al mes para dialogar con ellos sobre su ministerio de discipulado con el fin de inspíralos, apoyarlos y perfeccionarlos; (5) establecer los horarios donde los maestros y alumnos tendrán sus reuniones; (6) organizar el retiro de discipulado (nivel 1); organizar el retiro de líderes (nivel 5). Nombramiento del equipo de líderes de la Academia debe ser bajo la supervisión del pastor local o según los reglamentos de la iglesia.

El asistente al director

El asistente al director de la Academia de Discipulado es responsable por dirigir el equipo de seguimiento de la iglesia local. Este equipo es responsable de registrar y asimilar cada persona que se convierte a Cristo en el ministerio de la iglesia. El asistente constantemente está revisando la lista de registro de nuevos convertidos, con el director, para crear una lista de personas que desean comenzar a estudiar en la Academia de Discipulado. Nombramiento para los miembros del equipo de seguimiento, que dirige el asistente director de la Academia, serán en colaboración del equipo del liderazgo de la Academia y con la aprobación del pastor. El asistente también ayudara al director en todo lo que sea a su alcance.

El secretario/tesorero

El secretario/tesorero de la Academia de Discipulado es un apoyo administrativo y espiritual del líder y su asistente. Parte de sus responsabilidades administrativas son: (1) mantener el registro de los nuevos convertidos de la congregación; (2) colectar las asistencias de cada grupo de discipulado, compiladas por la secretaria del grupo, y archivarlos para el reporte mensual; (3) mantener un registro de las ofrendas de cada grupo y los fundos de la colecta de los libros pagados; (4) ordenar los libros de discipulado asegurando que cada grupo tenga sus libros a tiempo.

Los maestros/mentores

La próxima tarea es de establecer un equipo de maestros/mentores que serán responsable de supervisar la formación espiritual de sus alumnos enseñándole la materia de cada lección en el libro y apoyándoles en sus proyectos. En nuestro sistema, asignamos dos líderes para cada grupo de discipulado desde su inicio y continuaran con ellos hasta que cumplen los cinco niveles de la academia. De esta manera, el discípulo disfrutara de una formación estable y consistente.

Reglamentos de la Academia

Cada lección de estudio de la Academia de Discipulado contiene información práctica y pasajes bíblicos para la edificación del creyente. La mayoría de las lecciones en cada nivel pueden ser ministradas por el maestro/mentor, a sus discípulos, en una hora de clase. Las lecciones que son más extensos deben ser divididos en dos clases (ninguna lección debe ser dividido en tres clases). Si siguen este modelo, el alumno podrá completar la academia en un año y medio. Los reglamentos que siguen deben ser considerados por cada maestro/mentor:

> Todo estudiante de la Academia debe completar los cinco niveles de discipulado para poderse graduar.
>
> Todo estudiante debe cumplir con los proyectos de discipulado de cada módulo antes de ser promovidos al próximo nivel (véase a *los proyectos del discípulo*).
>
> Todo estudiante debe completar un mínimo de ocho lecciones en cada nivel para ser promovidos al próximo nivel.
>
> Todo estudiante debe venir completamente preparado a la clase para el estudio (con la Biblia, el libro de texto o el cuaderno, y una libreta de apuntes).

Para los alumnos que están estudiando algún nivel por su cuenta (sin un maestro) y desean recibir de nuestras oficinas un certificado de nuestro ministerio, deberán tomar un examen escrito (provisto por nuestras oficinas) en la presencia de algún oficial de su iglesia.

> Toda instrucción o reglamento adicional está a la discreción del maestro.

Los materiales que corresponden a cada nivel están disponibles y pueden ser adquiridos comunicándose con las oficinas de nuestro ministerio al (973) 472-3498 o vía Internet a joaby@aol.com o www.academiadediscipulado.com.

Proyectos del discípulo

Cada nivel de preparación en la Academia de Discipulado viene con la asignación de un proyecto diseñado para la práctica de los principios bíblicos aprendido. En la mayoría de los casos, los maestros/mentores deben de estar presente para supervisar el desarrollo de sus discípulos. Estos proyectos son:

1. <u>La escuela de adoradores</u> – un retiro espiritual en la iglesia anfitriona con todos los alumnos

2. <u>La escuela de evangelismo</u> – trabajo personal en las calles, plazas o "mall" de la cuidad

3. <u>La escuela de mentoría</u> – trabajo personal en los hospitales o asilo de ancianos

4. <u>La escuela de ministerio</u> – cada alumno debe ser voluntario de uno o varios ministerios de su iglesia local para descubrir donde Dios le está llamando a servir.

5. <u>La escuela de líderes</u> – cada alumno debe asistir al retiro de líderes en preparación de su graduación. En este retiro, cada alumno compartirá su experiencia de formación con su grupo. La última parte del retiro consistirá en una ceremonia de lavamiento de pies donde el alumno tomara para si un colega, y tomaran turnos para lavar los pies el uno al otro, orando y bendiciendo el uno al otro en el proceso.

El Pacto del Discípulo

Para caminar hacia la madurez en Cristo, y para completar la Academia de Discipulado, me comprometo a:

1. Leer cada capítulo y completar los autoexámenes al final de cada lección para poder participar de forma activa en la clase.

2. Reunirme cada semana con el grupo y mi maestro/mentor durante una hora de clase para hablar del contenido de la lección.

3. Dar todo mi corazón al Señor y abrir mi mente con el fin de iniciar un proceso de discipulado progresivo y seguro.

4. Participar en la clase con el fin de contribuir a un ambiente saludable y sincero respetando los otros alumnos y al maestro/mentor.

5. Completar cada proyecto del discipulado antes de continuar al próximo nivel de entrenamiento en la Academia.

6. Mantenerme conectado con los otros alumnos en mi clase y continuar en la Academia de Discipulado hasta que termine todos los niveles de entrenamiento. Pues solo así, podrá graduarme y ser adecuadamente preparado para servir en la iglesia done soy miembro.

Firma del alumno _____

Firma del maestro _____

Fecha _____

Tarjeta del Nuevo Creyente

Nuevo Convertido(a) al Señor Jesucristo

Fecha: _____

Nombre: _____ Edad: _____

Dirección: _____ Apt. _____

Ciudad: _____ C.P. _____

Hijos (children) _____

Nombre (Name) _____ Edad (Age) _____

Nombre (Name) _____ Edad (Age) _____

Nombre (Name) _____ Edad (Age) _____

Invitado por (Invited by) _____

de Teléfono/Telephone: _____

de Celular (Cell phone): _____

Correo Electrónico/Email: _____

Caballero/**M**ale _____ Dama/**F**emale _____

Niño/Child **F** _____ **M** _____ Joven/Youth **F** _____ **M** _____

Reporte de Seguimiento

Fecha: _____

Nombre	Telefono	Correo	Dias	Comentarios

Reporte Mensual de la Academia

Fecha: _____

Maestro	Nivel	# de alumnos registradas	# alumnos aucente	Libros	Cantidad colectada	Dueda de libros

Autoexámenes

1) ¿Qué significa imitar a Cristo?

2) ¿Qué significa la frase "se despojó a sí mismo, tomando forma de siervo"?

3) En cuanto el servicio, ¿Cuál es la diferencia entre "los reyes de la tierra" y el reino de Dios?

4) ¿Qué significa, "con Cristo estoy juntamente crucificado"?

_____
_____
_____
_____

5) ¿Qué significa ser humilde?

_____
_____
_____
_____

6) Explique como tú puedes comprometerse más con la obra de Cristo.

_____
_____
_____
_____

Autoexamen #2

1) ¿Qué podemos aprender del ejemplo del liderazgo de Jesús?

   _____

   _____

2) Escribe los nombres de algunas personas que puedes invitar contigo a la iglesia.

   _____

   _____

3) Explique cómo los apóstoles fueron "tiernos" en su ministerio de liderazgo.

   _____

   _____

4) ¿Qué significa impartir en otros?

   _____

   _____

5) Escribe lo que tú piensas es tu propósito en el reino de Dios.

   _____

   _____

   _____

Autoexamen #3

1) Explique cómo la administración del tiempo es un componente vital del liderazgo.

2) ¿Cuáles son las características de un liderazgo basado en amor?

3) ¿Qué significa "andar en amor?

4) ¿Qué es el favoritismo?

_____

_____

_____

_____

5) ¿Qué significa "Dios no hace acepción de personas?

_____

_____

_____

_____

Autoexamen #4

1) ¿Qué significa ser un líder bajo autoridad?

2) ¿Por qué es necesario que cada líder sea enviado?

3) Explique porque la declaración de fe del centurión era tan impresionante.

4) ¿Qué significa, "nadie puede recibir nada si no le fuere dado del cielo?

_____

_____

_____

_____

5) ¿Qué significa, procurar "con diligencia presentarte a Dios aprobado, como obrero que no tiene de que avergonzarse"?

_____

_____

_____

_____

Autoexamen #5

1) ¿Qué significa unción?

2) Explique cómo la unción capacita al líder para comunicarse mejor.

3) Explique las tres componentes necesarias para lograr la comunicación.

4) Explique lo que Jesús estaba haciendo cuando dio autoridad a sus discípulos sobre los demonios.

_____

_____

_____

_____

5) ¿Qué significa ser "esclavo al pecado"?

_____

_____

_____

_____

Autoexamen #6

1) Reflexiona sobre el hecho que Jesús fue llevado al desierto por el Espíritu Santo para ser tentado por el diablo. ¿Qué podemos aprender de esto?

2) Explique lo que significa ser tentado por una actitud de independencia.

3) Explique los detalles de la tentación de la "auto promoción".

4) Explique los detalles sobre la tentación de "auto presumir".

_____

_____

_____

_____

5) Reflexiona sobre el hecho que Satanás uso la biblia para tentar a Jesús. ¿Qué podemos aprender de esto?

_____

_____

_____

_____

Autoexamen #7

1) Explique lo que es la confidencialidad del líder.

2) Explique porque es importante ir solo para reprender un hermano que ha pecado contra ti.

3) ¿Cuál es el peligro del chisme?

4) Escribe sobre la gran responsabilidad que el líder tiene de controlar su lengua.

_____

_____

_____

_____

5) Escribe sobre las cosas que tú tienes que controlar y cómo puedes ejercer dominio propio sobre él.

_____

_____

_____

_____

Autoexamen #8

1) ¿Qué significa tener visión?

2) ¿Qué es la ceguera espiritual?

3) Explique como el líder puede recibir visión divina.

4) Explique cómo la biblia puede influenciar la visión del líder.

_____

_____

_____

_____

5) Escribe la visión ministerial o familiar que Dios te ha dado como líder.

_____

_____

_____

_____

Autoexamen #9

1) ¿Qué significa trabajar en equipo?

2) Explique como el líder puede obtener mayor vigilancia en su ministerio cuando trabaja en equipo.

3) Explique la responsabilidad que el líder tiene de ser organizado.

4) ¿Cuál es el principio de la delegación?

_____

_____

_____

_____

5) Explique varios principios importantes que el líder debe considerar cuando va a formar su equipo.

_____

_____

_____

_____

Autoexamen #10

1) ¿Qué significa dejar un legado?

2) ¿Qué quiere decir Pablo cuando dijo, "he peleado la buena batalla"?

3) ¿Qué significa "cumple tu ministerio"?

Autoexámenes

4) ¿Qué es una mentalidad del reino?

   _____

   _____

   _____

   _____

5) ¿Cuál es el legado que quieres dejar atrás?

   _____

   _____

   _____

   _____

Bibliografía

Ralph Earl. *How we got our Bible*. Kansas City: Beacon Hill Press, 1992.

Frederick C. Mish, Editor in Chief. *The Merriam-Webster Dictionary*.

Springfield: Merriam-Webster publishers, 1989.

Earl D. Radmacher, General Editor. *The Nelson Study Bible, NKJV*.

Nashville: Thomas Nelson Publishers, 1997.

Frank Charles Thompson. *Biblia de Referencia Thompson, R.V.*

1960. Miami: Editorial Vida, 1983.

Dios Habla Hoy. España: Sociedades Bíblicas Unidas, 1996.

W.E. Vine. *Vine Diccionario Exhaustivo*. Nashville: Editorial Caribe, 1999.

James Strong. *Nueva Concordancia Strong Exhaustiva*. Nashville:

Editorial Caribe, 2002.

Bibliografía

Matthew Henry. *Matthew Henry's Commentary on the Whole Bible*.

Peabody: Hendrickson Publishers, 1997.

Alfred Thomas Eade. *Estudio Bíblico de la Nueva Panorama*. El Paso: Editorial Mundo Hispano, 2001.

S. Leticia Calcada. *Diccionario Bíblico ilustrado Holman.* Nashville:

B&H Publishing Group, 2008.

Webster's New American Dictionary. New York: Books Inc., 1947

Recursos de la Academia de Discipulado

Nivel 1   **Nivel 2**   **Nivel 3**   **Nivel 4**   **Nivel 5**

Para más información:

Joseph Anthony Andino

15 Grove Street

Passaic, New Jersey 07055

Joaby@aol.com

www.academiadediscipulado.com

973-472-3498

www.ingramcontent.com/pod-product-compliance
Lightning Source LLC
Chambersburg PA
CBHW071204070526
44584CB00019B/2916